Heinz-Walter Siering

# Einfach Bibel lesen

**Inhalt und Aussagen der
biblischen Bücher im Überblick**

aussaat

4. Auflage 2006

© 2002 Aussaat Verlag
Verlagsgesellschaft des Erziehungsvereins mbH,
Neukirchen-Vluyn
www.nvg-medien.de
Titelgestaltung: Hartmut Namislow, unter Verwendung eines Bildes
von Andreas Felger, Kunstpostkarte Nr. 5615 Öl o.T. © Präsenz Verlag,
D-65597 Hünfelden
Gesamtherstellung: Fuck-Druck, Koblenz
Printed in Germany
ISBN 13: 978-3-7615-5255-1
ISBN 10: 3-7615-5255-6
Bestell -Nr.: 155 255

# Inhalt

Keine Angst vor der Bibel .......................... 9

## Alttestamentliche Bücher

»...und siehe, es war sehr gut.«
Das erste Buch Mose (Genesis) ...................... 13
»Wem ich gnädig bin...«
Das zweite Buch Mose (Exodus) ...................... 16
»Ihr sollt heilig sein,...«
Das dritte Buch Mose (Leviticus) .................... 19
»Gesegnet sei, wer dich segnet.«
Das vierte Buch Mose (Numeri) ...................... 21
»Kein leeres Wort«
Das fünfte Buch Mose (Deuteronomium) .............. 23
*Die fünf Bücher Mose* ................................ 25
»Fürchte dich nicht!«
Das Buch Josua ..................................... 26
»Der Geist des HERRN geriet über ihn.«
Das Buch der Richter ............................... 28
»Dein Gott ist mein Gott.«
Das Buch Rut ...................................... 30
»Der HERR erniedrigt und erhöht.«
Das erste Buch Samuel ............................. 31
»Der Gesalbte des Gottes Jakobs
Das zweite Buch Samuel ............................ 33
»Ist der HERR Gott, so wandelt ihm nach.«
Das erste Buch der Könige .......................... 36
»Und doch hatte der HERR Israel und Juda gewarnt.«
Das zweite Buch der Könige ......................... 38
*Die Bücher Josua bis 2. Könige* ...................... 40

»Alles Volk sagte: Amen! und: Lobe den HERRN!«
Die zwei Bücher der Chronik ......................... 41
»Die Hand unseres Gottes ist zum Besten...«
Die Bücher Esra und Nehemia ....................... 43
*Die zwei Bücher der Chronik und die Bücher Esra und*
*Nehemia* ............................................ 45
»Für die Juden aber war Licht...«
Das Buch Ester ...................................... 46
»Dass es doch zwischen uns einen Schiedsmann gäbe!«
Das Buch Hiob ...................................... 48
»Lobe den HERRN, meine Seele!«
Die Psalmen ........................................ 50
»Die Furcht des HERRN führt zum Leben.«
Die Sprüche Salomos ................................. 52
»Es ist alles ganz eitel.«
Der Prediger Salomo (Kohelet) ...................... 54
»Siehe, meine Freundin, du bist schön.«
Das Hohelied Salomos ............................... 56
*Die Bücher Hiob, Sprüche Salomos, Prediger Salomo und*
*Hoheslied Salomos* .................................. 58
»Verschwört euch mit dem HERRN Zebaoth!«
Der Prophet Jesaja (Jesaja 1-39) ..................... 59
»Tröstet, tröstet mein Volk!«
Der zweite Jesaja (Jesaja 40-55) ..................... 61
»Mache dich auf, werde licht!«
Jesaja 56-66 ........................................ 63
»Dein Wort ward meine Speise.«
Der Prophet Jeremia und die Klagelieder Jeremias ........ 65
»Ich habe dich zum Wächter...«
Der Prophet Hesekiel (Ezechiel) ...................... 67
»Sein Reich ist unvergänglich.«
Der Prophet Daniel ................................. 70
»Das Land läuft vom HERRN weg der Hurerei nach.«
Der Prophet Hosea .................................. 72

»Nach diesem will ich meinen Geist ausgießen...«
Der Prophet Joel .................................. 74
»Bereite dich, Israel und begegne deinem Gott!«
Der Prophet Amos ................................. 76
»Wie du getan hast, soll dir wieder geschehen.«
Der Prophet Obadja ............................... 78
»Mich sollte nicht jammern Ninive?«
Der Prophet Jona .................................. 79
»Es ist dir gesagt, Mensch, was gut ist.«
Der Prophet Micha ................................ 81
»Der HERR kennt die, die auf ihn trauen.«
Der Prophet Nahum ............................... 83
»Der Gerechte wird durch seinen Glauben leben.«
Der Prophet Habakuk ............................. 84
»Suchet den HERRN!«
Der Prophet Zefania .............................. 85
»Jeder nur eilt, für sein Haus zu sorgen.«
Der Prophet Haggai ............................... 87
»Der HERR wird König sein über alle Lande.«
Der Prophet Sacharja ............................. 89
»So bekehrt euch nun zu mir.«
Der Prophet Maleachi ............................. 91
*Die Prophetenbücher* ............................. 93

## Neutestamentliche Bücher

»Wer sagt denn ihr, dass ich sei?«
Das Evangelium nach Matthäus ..................... 95
»Alsbald sah er, dass sich der Himmel auftat.«
Das Evangelium nach Markus ...................... 97
»Euch ist heute der Heiland geboren.«
Das Evangelium nach Lukas ........................ 99
»Wir sahen seine Herrlichkeit.«
Das Evangelium nach Johannes ..................... 101

»Ihr werdet meine Zeugen sein.«
Die Apostelgeschichte . . . . . . . . . . . . . . . . . . . . . . . . . . . . . . . . 104
*Die vier Evangelien und die Apostelgeschichte* . . . . . . . . . . . . 106
»... damit er sich aller erbarme.«
Der Brief des Paulus an die Römer . . . . . . . . . . . . . . . . . . . . 108
»Das Wort vom Kreuz«
Der erste Brief des Paulus an die Korinther . . . . . . . . . . . . . . 110
»Meine Kraft ist in den Schwachen mächtig.«
Der zweite Brief des Paulus an die Korinther . . . . . . . . . . . . 112
»Zur Freiheit hat uns Christus befreit!«
Der Brief des Paulus an die Galater . . . . . . . . . . . . . . . . . . . . 114
»... damit wir etwas seien zum Lob seiner Herrlichkeit.«
Der Brief des Paulus an die Epheser . . . . . . . . . . . . . . . . . . . . 116
»Freuet euch in dem Herrn allewege!«
Der Brief des Paulus an die Philipper . . . . . . . . . . . . . . . . . . 118
»In Christus wohnt die ganze Fülle ...«
Der Brief des Paulus an die Kolosser . . . . . . . . . . . . . . . . . . . 120
»Wir werden bei dem Herrn sein allezeit.«
Der beiden Briefe des Paulus an die Thessalonicher . . . . . . . 122
»Gott will, dass allen Menschen geholfen werde.«
Die Briefe des Paulus an Timotheus und Titus . . . . . . . . . . . 124
»Mehr als ein Sklave: ein geliebter Bruder«
Der Brief des Paulus an Philemon . . . . . . . . . . . . . . . . . . . . . . 126
*Die Briefe des Apostels Paulus* . . . . . . . . . . . . . . . . . . . . . . . . 128
»Freut euch, dass ihr mit Christus leidet.«
Der 1. Petrusbrief . . . . . . . . . . . . . . . . . . . . . . . . . . . . . . . . . . . 129
»Der Herr verzögert nicht die Verheißung.«
Der zweite Petrusbrief . . . . . . . . . . . . . . . . . . . . . . . . . . . . . . . 131
»Das Leben ist erschienen.«
Die Briefe des Johannes . . . . . . . . . . . . . . . . . . . . . . . . . . . . . . 133
»Lasst uns festhalten an dem Bekenntnis!«
Der Brief an die Hebräer . . . . . . . . . . . . . . . . . . . . . . . . . . . . . 135
»Seid aber Täter des Worts und nicht Hörer allein!«
Der Jakobusbrief . . . . . . . . . . . . . . . . . . . . . . . . . . . . . . . . . . . . 137

»... dass ihr für den Glauben kämpft.«
Der Brief des Judas .................................. 139
*Die sogenannten »Kirchenbriefe«* ....................... 141
»Siehe, ich mache alles neu!«
Die Offenbarung des Johannes ....................... 142
*Die Offenbarung des Johannes* ........................ 144

# Keine Angst vor der Bibel

Gibt es das, Angst vor der Bibel? Ich denke, die Bibel kann einem schon Angst machen. Sie ist ein sehr dickes Buch. Wer liest heute schon noch gerne einen solchen Wälzer! Und dann auch noch einen, der vor langer Zeit und von sehr unterschiedlichen Autoren geschrieben worden ist. Der jüngste Text der Bibel ist knapp 2000 Jahre alt. Da kann die Übersetzung noch so zeitgemäß und modern sein, das merkt man auf jeden Fall: Die Welt, in der die Texte der Bibel entstanden, sah sehr anders aus als unsere Welt. Welche Texte sind am leichtesten verständlich? Wo soll man anfangen zu lesen? Was ist wichtig und was weniger wichtig? Gibt es eine durchgängige Botschaft? Schaffe ich es überhaupt zu verstehen, was die Bibel sagen will? So und ähnlich lauten die Fragen, die man an die Bibel stellen kann.

Das vorliegende Buch ist ein sehr persönliches Buch. Es gibt meine Erfahrung mit der Bibel wieder. Und die lautet: Vor der Bibel braucht niemand Angst zu haben. Die Bibel ist ein umwerfendes Buch, ein Buch voller Geschichten und Berichte, die immer wieder das Eine sagen wollen: Unsere Welt ist getragen und gehalten von der unbegreiflichen und unbeschreiblichen Liebe unseres Gottes. Wir sind geliebter, als wir es ahnen. Es stimmt: Gott fordert auch etwas von uns, er fordert ein Leben der Liebe zu ihm und dem Nächsten. Aber bevor er fordert, beschenkt er uns, überschüttet er uns mit seiner Liebe. Er verlangt nie etwas, ohne vorher etwas zu geben, ohne vorher die Möglichkeit zu schaffen, seinem Willen zu entsprechen. In keiner Religion der Welt redet Gott so klar und so eindeutig und so liebevoll zu seinen Menschenkindern.

Deshalb lohnt es sich, die Bibel zu lesen, in ihr heimisch zu werden, ihren innersten Geist zu erspüren, ihrer Botschaft nachzugehen. Dazu will dieses Buch helfen.

Zu jedem Buch der Bibel bietet es eine kurze Einleitung. Dabei geht es mir nicht darum, die Ergebnisse der Bibelwissenschaft an den Leser weiterzugeben. Diese Ergebnisse sind mir bekannt und von mir bedacht. Aber nicht das scheint mir für den Bibelleser wichtig, welche verschiedenen Schichten in den einzelnen Bibelbüchern zu entdecken sind, was ursprünglich ist und was später hinzukam. Wichtig ist immer das ganze Buch in der Gestalt, in der es uns überliefert ist.

Ursprünglich wurden diese Einleitungen für das Andachtsbuch »Gottes Wort für jeden Tag«, die Taschenbuchausgabe des Neukirchener Kalenders, geschrieben. Die Form und der Umfang des Taschenbuches brachten es mit sich, dass für jede Einleitung jeweils ein bis zwei Seiten zur Verfügung standen. Das führte dazu, dass die Einleitungen in umfangreiche oder schwierige Bibelbücher in der Regel genauso lang sind wie die in kurze und übersichtliche Bücher. Das zwang auf der einen Seite dazu, auch schwierige Zusammenhänge eines umfangreichen Buches knapp und verständlich darzustellen, und es gab auf der anderen Seite die Möglichkeit, kurze, aber unbekannte Bibelbücher ausführlicher bekannt zu machen.

Vor jeder Einleitung, die ich geschrieben habe, habe ich das betreffende Bibelbuch noch einmal ausführlich und gründlich gelesen und seinen Inhalt in meinen Gedanken und im Herzen bewegt. Und dann habe ich mich gefragt: Was will das betreffende Bibelbuch sagen, worum geht es in ihm zutiefst, und was ist davon für uns heute besonders wichtig? Die Antworten, die ich darauf fand, bilden die jeweilige Einleitung.

Es ist mein Wunsch, dass der Leser, wenn er dieses Buch gelesen hat, einen klaren und eindeutigen Eindruck vom Inhalt der Bibel hat, dass er die Bibel versteht. Ich gebe zu, es ist mein ganz persönliches Verständnis, das ich hier vermittle. Doch zwinge ich dieses Verständnis niemandem auf. Ich möchte vielmehr eine Ausgangsbasis bieten, von der aus der Leser selber Streifzüge durch die Bibel machen kann, um dann am Ende zu einem eigenen Verständnis der Bibel zu kommen.

Um die Streifzüge durch die Bibel etwas zu erleichtern, habe ich nach fast jedem Bibelbuch Lesetipps angegeben. Mit diesen Tipps ist nicht gemeint, dass nur diese Abschnitte wichtig und alle anderen uninteressant wären. Die angegebenen Bibelstellen sollen vielmehr Ausgangspunkte für eigene Entdeckungen, für eigenes Weiterlesen sein.

Ein weiterer Anreiz, sich nicht mit den Einleitungen zu begnügen, sondern selbst in der Bibel zu forschen, sind die Kernstellen, die ich hinter jedem Bibelbuch angeführt habe. Ich wollte unbedingt, dass die Bibel immer wieder selbst zu Wort kommt und durch ihre eigenen Worte neugierig macht zum Weiterlesen.

Nach einer Anzahl von Einleitungen finden sich regelmäßig kurze Angaben über die Verfasser der einzelnen Bibelbücher und die Zeit, in der sie entstanden sind. Wenn man genau hinsieht, gibt es nicht sehr viel sichere Angaben aus der Bibel selbst. Ich finde es letztlich auch nicht so wichtig, wann ein Bibelbuch entstanden ist und wie sein Verfasser heißt. Viel wichtiger ist die Botschaft, und die klingt auch nach Jahrtausenden noch immer unüberhörbar aus diesem umwerfendsten aller Bücher: Gott sucht den Menschen. Seine Liebe übersteigt unsere kühnsten Erwartungen.

H.-W. Siering

## Das erste Buch Mose (Genesis)

# »... und siehe, es war sehr gut.«
## (1. Mose 1,31)

Am Anfang war das Wort, Gottes Schöpferwort, das die Welt und uns ins Leben rief. Deshalb beginnt die Bibel auch mit der Schöpfungsgeschichte.

Was uns heute an dieser Geschichte besonders anspricht, sind die refrainartig wiederkehrenden Worte: »Und Gott sah, dass es gut war«, die sich am Ende zu dem Satz steigern: »Und Gott sah an alles, was er gemacht hatte, und siehe, es war sehr gut.«

In einer Welt, die durch Profitgier und Habsucht, aber auch durch Unwissenheit und Ratlosigkeit des Menschen in ihrem Bestand aufs Äußerste gefährdet ist, dürfen wir hören, dass Gott eben diese Welt dem Chaos entrissen, dass er sie gut, ja sehr gut erschaffen hat. Wie groß die Schwierigkeiten auch sind, die vom Menschen verursachten Schäden wieder zu beseitigen oder auch nur in Grenzen zu halten: Gott lässt seine gut geschaffene Welt nicht im Stich. Jeder Einsatz für Gottes Schöpfung steht unter seiner Verheißung und seinem Segen.

Die »Urgeschichte«, die sich an den Schöpfungsbericht anschließt, berichtet davon, wie auf unbegreifliche Weise die Sünde in Gottes gute Schöpfung einbricht und nach dem ersten Ungehorsam des Menschen gegen Gott eine Katastrophe der anderen folgt. Adam und Eva verlieren mit ihrer paradiesischen Unschuld auch die Geborgenheit des Gottesgartens; schon in der nächsten Generation ereignet sich der erste Mord; und schließlich nimmt das Böse dermaßen überhand, dass Gott seine Schöpfung durch eine Sintflut vernichten will.

Doch diese immer stärker anschwellende Unheilsgeschichte ist von Anfang an von Zeichen der göttlichen Gnade begleitet: Gott macht dem ersten Menschenpaar bei seiner Vertreibung aus dem Paradies »Röcke von Fellen«. Der Brudermörder Kain wird unter Gottes persönlichen Schutz gestellt (sein »Kainsmal« ist in Wahrheit ein Schutzzeichen), und die weltweite Katastrophe der Sintflut spart die Familie des Noah sowie ein Paar von allen Lebewesen auf der Erde aus. Statt des endgültigen Verdammungsurteils steht am Ende der Sintflut die Zusage: »Ich will hinfort die Erde nicht mehr verfluchen um des Menschen willen.« (1. Mose 8,21) Einzig die Geschichte vom Turmbau zu Babel scheint im endgültigen Chaos zu enden. Keiner versteht mehr den anderen. Doch gerade an dieser Stelle setzt Gott mit der Berufung Abrahams einen neuen Anfang.

War in der Urgeschichte von der Menschheit insgesamt die Rede, so geht es jetzt um den Stammvater eines einzigen Volkes inmitten der großen Völkerfamilie. Gott beruft Abraham, um durch ihn und das Volk Israel seinen Segen in die ganze Welt zu bringen. Es ist erstaunlich, wie realistisch die Bibel die »Erzväter« Abraham, Isaak und Jakob schildert. Sie sind keine Glaubenshelden. Sowohl Abraham wie Isaak geben aus Angst um ihr eigenes Leben ihre Frauen preis. Als der verheißene Sohn auf sich warten lässt, versucht Abraham, den göttlichen Plänen nachzuhelfen, was in großem menschlichen Elend endet. Und Jakob braucht lange Jahre der Bewährung, um aus einem Betrüger zu einem »Gotteskämpfer«, zu Israel zu werden.

An entscheidenden Punkten allerdings bleiben die Erzväter auch große Vorbilder. Im Streit mit seinem Neffen Lot um die besten Weideplätze lässt Abraham dem Jüngeren die Wahl. Und als Gott den endlich geborenen Sohn Isaak, das Pfand der Verheißung, wieder zurückzufordern scheint, gehorcht Abraham ohne Widerrede. Wo kein Hoffnungsschimmer mehr zu sehen ist, weiß er: »Der HERR sieht.« (1. Mose 22,14) Und am Ende aller ruhm- und schmachvollen Erlebnisse Jakobs steht das Bekenntnis: »HERR, ich bin zu gering aller Barmherzigkeit und aller Treue, die du an deinem Knechte getan hast.« (1. Mose 32,11)

Den Schluss des ersten Mosebuches bildet die Geschichte des Jakobssohns Josef. Es ist eine Geschichte, die nach menschlichem Ermessen nur böse enden kann. Jakob verwöhnt seinen Lieblingssohn Josef in ungebührlicher Weise. Da ist es nicht verwunderlich, dass die Brüder mit Neid und Hass reagieren und schließlich Josef als Sklaven verkaufen. Das könnte das traurige Ende der Geschichte sein. Aber es kommt ganz anders. Denn nicht nur Menschen handeln in dieser Welt, sondern bei allem hat Gott seine Hände mit im Spiel.

Josef geht an seinem Sklavendasein nicht zugrunde, sondern wächst und reift innerlich. Er vergisst den Gott seiner Kindheit nicht und birgt sich selbst in völlig gottloser Umgebung in dessen Schutz. So kann er den Versuchungen widerstehen, denen er ausgesetzt ist. Ja, er bewährt sich so, dass er zum Vizekönig von Ägypten wird und so seine in Palästina hungernde Familie vor dem Hungertod retten kann.

Am Ende des Buches kommt es zu einer ergreifenden Versöhnungsszene. Josef vergibt seinen Brüdern, weil er gelernt hat, Gottes Führung hinter seinem Geschick zu erkennen. »Ihr gedachtet es böse mit mir zu machen, aber Gott gedachte es gut zu machen.«

Gott führt unser aller Leben. Was wir aus Unverstand oder auch aus Bosheit verderben, kann Gott wieder zurechtbringen. Auch dort, wo wir uns ganz allein gelassen fühlen, ist er uns nahe mit seiner Hilfe und Weisung. Er gibt Kraft zum Erdulden und Kraft zur Vergebung. Diese Botschaft vermittelt uns die spannend erzählte Josefsgeschichte im 1. Buch Mose.

## Lesetipps:

*Kap. 1-2: Die Schöpfung*
*Kap. 3: Der Sündenfall*
*Kap. 6-9: Die Sintflut; Gott schließt einen Bund mit Noah*
*Kap. 11: Der Turmbau zu Babel*
*Kap. 12,1-20: Abraham wird berufen und zieht nach Kanaan*

*Kap. 15,1-6: Abraham glaubt der Verheißung Gottes*
*Kap. 22,1-19: Abraham wird versucht; Gott bestätigt seine Verheißung*
*Kap. 32,23-33: Jakob kämpft mit Gott*
*Kap. 37 und 39-46: Josef und seine Brüder*

Kernstellen:
Solange die Erde steht, soll nicht aufhören Saat und Ernte, Frost und Hitze, Sommer und Winter, Tag und Nacht.

1. Mose 8,22

Der HERR sprach zu Abram: Ich will segnen, die dich segnen, und verfluchen, die dich verfluchen; und in dir sollen gesegnet werden alle Geschlechter auf Erden.     1. Mose 12,3

Josef sprach zu seinen Brüdern: Ihr gedachtet es böse mit mir zu machen, aber Gott gedachte es gut zu machen, um zu tun, was jetzt am Tage ist, nämlich am Leben zu erhalten ein großes Volk.     1. Mose 50,20

## Das zweite Buch Mose (Exodus)

# »Wem ich gnädig bin, dem bin ich gnädig.«
## (2. Mose 33,19)

»Lasst uns dem HERRN singen, denn er hat eine herrliche Tat getan.« (2. Mose 15,21) So jubelt Mirjam, die Schwester des Mose, nach dem Durchzug durchs Schilfmeer, der dem Volk Israel die endgültige Freiheit bringt. Die Befreiung aus der Knechtschaft in Ägypten ist eine grundlegende Erfahrung des Volkes Gottes. Immer wieder kommt das Alte Testament darauf zurück.

Gott allein hat sein Volk befreit. Aber er hat sich dabei des Mannes Mose bedient, über den er schon seine Hand hielt, als er noch ein Säugling war, dem er in einem brennenden Dornbusch erschien und dem er seinen Namen offenbarte, einen Namen voller Zukunft und Hoffnung: »Gott sprach zu Mose: Ich werde sein, der ich sein werde.« Das bedeutet: »Immer bin ich für euch da, niemals werde ich euch verlassen.«

Diese Verheißung hat Gott am Sinai besiegelt, als er einen Bund mit dem Volk schloss und die Israeliten auf die Zehn Gebote verpflichtete: »Werdet ihr nun meiner Stimme gehorchen und meinen Bund halten, so sollt ihr mein Eigentum sein vor allen Völkern.« (2. Mose 19,5)

Die Errettung am Schilfmeer, der Bund am Sinai: Das sind die beiden hervorragenden Themen des zweiten Buchs Mose. Aber daneben berichtet dieses Buch auch vom Alltag des Gottesvolkes bei seinem Zug durch die Wüste. Da ist viel von Not und Bedrängnis die Rede, von Murren, von Ungehorsam – bis hin zum offenen Abfall von Gott. Das Volk hat es seinem Gott und dem von ihm berufenen Führer nicht leicht gemacht. Immer wieder geriet Mose ans Ende seiner Kraft. Aber er hat treu zu seinem Auftrag und zu seinem Volk gestanden.

Und Gott? Er machte sein Versprechen wahr. Nie hat er sein erwähltes Volk verlassen. Oft genug erfuhr das Volk zwar die verdiente Strafe. Wesentlich häufiger aber noch Gottes helfendes Eingreifen: die Errettung von Hunger und Durst, den Sieg über die Feinde, die sich ihm entgegenstellten. Selbst als alles aus schien, als das Volk sich von Gott abwandte und ein goldenes Stierbild anbetete, hat Gott kein endgültiges Vernichtungsurteil gesprochen. Und schon kurze Zeit später konkretisierte er seinen Namen, den er Mose bei seiner Berufung genannt hatte: »Ich will dir kundtun den Namen des HERRN: Wem ich gnädig bin, dem bin ich gnädig, und wessen ich mich erbarme, dessen erbarme ich mich.«

Als einen Gott, der in die Freiheit führt, der den Seinen in Gericht und Gnade nahe ist und als dessen innerstes Wesen ein gren-

17

zenloses Erbarmen aufleuchtet: So lernen wir den Gott Israels, den Vater Jesu Christi im zweiten Buch Mose kennen.

## Lesetipps:

*Kap. 2-4: Die Geburt des Mose; seine Berufung*

*Kap. 12,29-15,21: Der Auszug Israels aus Ägypten; der Durchzug durchs Schilfmeer*

*Kap. 16: Gott speist sein Volk mit Wachteln und Manna*

*Kap. 19-20: Israel am Sinai; die Zehn Gebote*

*Kap. 32-34: Das goldene Stierbild; die Bestrafung des Volkes; die neuen Gesetzestafeln*

Kernstellen:

Gott sprach zu Mose: Ich werde sein, der ich sein werde. Und sprach: So sollst du zu den Israeliten sagen: »Ich werde sein«, der hat mich zu euch gesandt. 2. Mose 3,14

Da sprach Mose zum Volk: Gedenkt an diesen Tag, an dem ihr aus Ägypten, aus der Knechtschaft, gezogen seid, denn der HERR hat euch mit mächtiger Hand von dort herausgeführt. 2. Mose 13,3

Da sprach Mose zum Volk: Der HERR wird für euch streiten, und ihr werdet stille sein. 2. Mose 14,14

Der HERR sprach zu Mose: Ich will vor deinem Angesicht all meine Güte vorübergehen lassen und will vor dir kundtun den Namen des HERRN: Wem ich gnädig bin, dem bin ich gnädig, und wessen ich mich erbarme, dessen erbarme ich mich. 2. Mose 33,19

# Das dritte Buch Mose (Leviticus)

## »Ihr sollt heilig sein, denn ich bin heilig, der HERR, euer Gott.«
### (3. Mose 19,2)

Eine altertümliche, archaische Welt tut sich vor uns auf. Zunächst ist von Opfern die Rede. Tiere werden geschlachtet, Blut fließt und wird am Altar versprengt, und die geschlachteten Tiere werden verbrannt: alles auf Weisung Gottes, als Dankopfer, als Sündopfer, zur Sühne für begangenes Unrecht. Eine fremde Welt, heute kaum noch nachvollziehbar, aber voller Hinweise darauf, dass das Verhältnis des Menschen zu Gott mehr ist als ein Gedankenspiel, mehr als eine Weltanschauung. Es ist eine Sache auf Leben und Tod, die unser ganzes Menschsein umfasst und unsere ganze Hingabe erfordert. Immer wieder ist davon die Rede, dass der Opfernde vor der Schlachtung des Opfertieres seine Hand auf den Kopf des Tieres legen soll. Das zeigt: Mit dem Opfer bringt der Mensch sich selbst Gott dar. Er nutzt die von Gott gewährte Chance, die Gemeinschaft mit ihm wieder herzustellen.

Damit alles seine Ordnung hat und klar wird, dass die Initiative von Gott ausgeht, von ihm allein, werden in seinem Namen Aaron und seine Söhne zu Priestern bestimmt, die den Dienst am Heiligtum versehen und die genaue Einhaltung der Opfervorschriften beachten.

Eindrücklich, wie inmitten der unzähligen kultischen Vorschriften berichtet wird, dass Mose und der neu eingesetzte Priester Aaron das Heiligtum betreten, wieder herauskommen und das Volk segnen. In diesem Augenblick erscheint die Herrlichkeit des Herrn vor allem Volk. Sein Kommen ist Grund zur Freude und zum Erschrecken. Gott ist ganz da für die Seinen, aber er wacht auch darüber, dass seiner Heiligkeit kein Abbruch getan wird.

Wie der ganze Opferkult, so stehen auch die Bestimmungen über heilige und unheilige Orte und Dinge, die Gebote über rein und unrein unserm heutigen Empfinden fern. Doch weisen auch sie unübersehbar darauf hin, dass unser ganzes Leben Gott gehört, bis hinein in den banalsten Alltag.

Der große Versöhnungstag preist den versöhnenden Gott, der die Schuld seines Volkes auf dem Rücken eines »Sündenbocks« in die Wüste tragen lässt, wo sie verschwindet und das Verhältnis Gott-Mensch nicht mehr stören kann.

Konkret und verständlich werden die letzten Abschnitte aus dem dritten Buch Mose: Schon hier, in so alter Zeit, ertönt das Gebot der Nächstenliebe, das wir gemeinhin für neutestamentlich halten. Und wie in unsere Zeit gesprochen klingen die Worte: »Wenn dein Bruder neben dir verarmt und nicht mehr bestehen kann, so sollst du dich seiner annehmen.« (3. Mose 25,35)

## Lesetipps:

*Kap. 1: Ein Beispiel für die Opfergesetze*

*Kap. 9: Der Priester Aaron bringt mit seinen Söhnen das erste Opfer dar*

*Kap. 16: Der große Versöhnungstag*

*Kap 19: Von der Liebe zum Nächsten*

Kernstellen:

Ihr sollt heilig sein, denn ich bin heilig, der HERR, euer Gott. 3. Mose 19,2

Wenn du dein Land aberntest, sollst du nicht alles bis an die Ecken deines Feldes abschneiden, auch nicht Nachlese halten, sondern dem Armen und Fremdling sollst du es lassen; ich bin der HERR, euer Gott. 3. Mose 19, 9.10

Du sollst deinen Nächsten lieben wie dich selbst; ich bin der HERR. 3. Mose 19,18

# Das vierte Buch Mose (Numeri)

## »Gesegnet sei, wer dich segnet.«
### (4. Mose 24,9)

Endlich geht es weiter. Die Serie der Gesetze vom Sinai hat ein vorläufiges Ende gefunden. Nach einer Zählung der wehrfähigen Männer – es sind 603.550, eine erstaunlich hohe Zahl – bricht das Volk vom Sinai auf. Dabei wird streng darauf geachtet, dass alles seine Ordnung hat. Vor allem ist durch Vorschriften und Gesetze dafür gesorgt, dass die Stiftshütte, der Wohnsitz Gottes, in der richtigen Weise ab- und aufgebaut und von den Leviten von einem Rastplatz zum anderen getragen wird.

Aber es wird noch sehr lange dauern, bis das Volk im Land der Verheißung ankommt. Jahrelang zieht sich die Wanderung durch die Wüste hin. Währenddessen plagen Durst und Hunger immer wieder die Israeliten und führen dazu, dass das Volk murrt und sich nach Ägypten in die Sklaverei zurückwünscht. Auch die ausgesandten Kundschafter erschrecken mit ihrer Schilderung der Bewohner des »Gelobten Landes« die Israeliten, und es kommt zu Protest und Auflehnung gegen Mose und gegen Gott. Schließlich wird sogar Mose selbst unsicher und verhält sich so, dass er Gottes Missbilligung findet.

Und Gott? Er lässt mit sich nicht spaßen. Hart und unerbittlich greift er ein ums andere Mal durch. Da lodert Feuer am Rande des Lagers auf und vernichtet die Menschen dort, eine Pest breitet sich aus, feurige Schlangen beißen die Israeliten, und eine ganze Sippe wird vom Erdboden verschluckt. Immer wieder steht die Existenz des Volkes auf Messers Schneide. Immer wieder aber greift auch Mose ein, fällt er vor Gott auf sein Angesicht, bittet für das Volk und kann durch seine Fürbitte die vollständige Vernichtung des murrenden Volkes verhindern.

Doch das steht nach Gottes Ratschluss unverrückbar fest: Keiner der Murrenden darf ins Gelobte Land kommen. Selbst Mose darf es nur aus der Ferne sehen. Erst sein Nachfolger Josua wird das Volk zum Ziel führen.

Und doch bleibt der Gott Israels seinem Volk treu. Er zieht als Wolken- und Feuersäule vor dem Volk her. Er sorgt dafür, dass das Volk weder verhungert noch verdurstet. Er lässt bei der Schlangenplage durch Mose eine eherne Schlange aufrichten, von der es heißt: »Wer gebissen ist und sieht sie an, der soll leben.« (4. Mose 21,8) Und er verwandelt den Fluch des von den Moabitern bestellten Sehers Bileam in einen Segen für Israel.

Gott lässt seiner nicht spotten, er erwartet das volle Vertrauen der Seinen. Doch trotz allen Zorns, aller Strafen heißt sein letztes Wort: Rettung, Heil und Segen. Das höre ich als Botschaft des vierten Buches Mose.

## Lesetipps:

*Kap. 10,11-36: Das Volk Israel bricht vom Sinai auf*
*Kap 11: Das Volk murrt und wird bestraft*
*Kap. 21,4-9: Die eherne Schlange*
*Kap. 22-24: Der Seher Bileam*

Kernstellen:

Der HERR segne dich und behüte dich; der HERR lasse sein Angesicht leuchten über dir und sei dir gnädig; der HERR hebe sein Angesicht über dich und gebe dir Frieden.

4. Mose 6,24–26

Mose sprach: So vergib nun die Missetat dieses Volks nach deiner großen Barmherzigkeit, wie du auch diesem Volk vergeben hast von Ägypten an bis hierher.      4. Mose 14,19

So wahr ich lebe, spricht der HERR: Nach der Zahl der vierzig Tage, in denen ihr das Land erkundet habt – je ein Tag soll ein Jahr gelten –, sollt ihr vierzig Jahre eure Schuld tragen,

auf dass ihr innewerdet, was es sei, wenn ich die Hand abziehe. 4. Mose 14,34
Gott ist nicht ein Mensch, dass er lüge, noch ein Menschenkind, dass ihn etwas gereue. Sollte er etwas sagen und nicht tun? Sollte er etwas reden und nicht halten? 4. Mose 23,19

## Das fünfte Buch Mose (Deuteronomium)

# »Kein leeres Wort«
## (5. Mose 32,47)

Das fünfte Buch Mose beginnt als ein Buch der Erinnerung. Es blickt auf die vierzigjährige Wanderung des Gottesvolkes durch die Wüste zurück. Wunderbare Sätze sind es, mit denen hier von Gottes Handeln erzählt wird: »Du hast gesehen, dass dich der HERR, dein Gott, getragen hat, wie ein Mann seinen Sohn trägt.« (5. Mose 1,31) »Vierzig Jahre ist der HERR, dein Gott, bei dir gewesen. An nichts hast du Mangel gehabt.« (5. Mose 2,7)
So kann man nur im Rückblick sprechen, wenn die Hauptmühsal überstanden ist und das Ziel vor Augen steht. Aber so muss man auch sprechen. Denn das ist Gott: ein liebevoller Vater, der uns trägt und hält und führt, auch wenn wir es oft gar nicht spüren.
Aber das fünfte Buch Mose bleibt nicht bei der Erinnerung stehen. Der liebende Gott erwartet, dass sein Volk ihn wiederliebt, dass es sich an die guten Gebote hält, die Gott den Seinen gegeben hat. Doch auch diese Forderung geschieht nur um des Volkes, nur um unseretwillen. Denn Gott will, dass wir das Leben gewinnen, dass sein Segen uns erreicht und wir dem Fluch eines Lebens in Sinnlosigkeit, Leere und Angst entgehen.
Wichtig ist dabei vor allem die unbedingte Treue zu Gott. Das fünfte Buch Mose ist strikt gegen jedes »und«: Gott *und* die Göt-

ter der Kanaaniter, Gott *und* die Erfolgs- und Fruchtbarkeitsreligion der heidnischen Nachbarn. Deshalb wird auf einem zentralen Ort der Anbetung und des Gottesdienstes bestanden, der allein Gott, dem Herrn, gehört.

Das hat Konsequenzen in den Alltag hinein. Manches der vielen Gesetze, die hier aufgezählt werden, ist zeitgebunden und kaum noch in unsere heutige Welt zu übersetzen. Aber geblieben ist die Grundeinstellung der unbedingten Gottesliebe, die sich besonders auf das Verhältnis zu den Schwachen und Armen auswirkt.

Sind Gottes Gebote, wie sie grundlegend in den Zehn Geboten niedergelegt sind, schwer zu halten? Absolut nicht. Denn: »Es ist das Wort ganz nahe bei dir, in deinem Munde und in deinem Herzen, dass du es tust.« (5. Mose 30,14) Wer mit seinem Herzen aufgenommen hat, wie sehr Gott ihn liebt, der kann gar nicht anders, als auch sein alltägliches Leben von diesem Gott bestimmen zu lassen.

Am Schluss wird es dann noch einmal ganz ernst. Da ist von Fluch und Segen, von Leben und Tod die Rede. Denn wir können die Liebe Gottes auch verspielen. Doch wo wir ihn den Herrn sein lassen, da können wir nur gewinnen. Denn was er sagt ist kein »leeres Wort, sondern es ist das Leben«.

## Lesetipps:

*Kap. 1-2: Mose hält Rückblick auf die bisherige Wanderung*

*Kap. 6,1-9: Das Grundbekenntnis Israels*

*Kap. 24,6-22: Die Schwachen und Armen stehen unter Gottes besonderem Schutz*

*Kap. 28: Segen und Fluch*

*Kap. 30: Es geht um Leben oder Tod*

Kernstellen:
Der HERR, dein Gott, hat dich gesegnet in allen Werken dei ner Hände. Er hat dein Wandern durch diese große Wüste auf sein Herz genommen. Vierzig Jahre ist der HERR, dein Gott,

bei dir gewesen. An nichts hast du Mangel gehabt.

5. Mose 2,7

Höre, Israel, der HERR ist unser Gott, der HERR allein. Und du sollst den HERRN, deinen Gott, lieb haben von ganzem Herzen, von ganzer Seele und mit all deiner Kraft.

5. Mose 6,4.5

Nehmt zu Herzen alle Worte, die ich euch heute bezeuge, dass ihr euren Kindern befehlt, alle Worte dieses Gesetzes zu halten und zu tun. Denn es ist nicht ein leeres Wort an euch, sondern es ist euer Leben.

5. Mose 32,46.47

## Die fünf Bücher Mose

Die fünf Bücher Mose beginnen mit der Schöpfung der Welt und reichen über die Entstehung des Volkes Israel und den Auszug der zwölf Stämme aus der Sklaverei in Ägypten bis hin zur Ankunft in dem von Gott verheißenen Land. Die Mosebücher sind nicht nach Mose benannt, weil der ihr Verfasser ist. Sie tragen ihren Namen vielmehr, weil vom zweiten Buch an Mose die tragende Rolle in ihnen spielt.

Die fünf Bücher Mose sind auch nicht von einer Person nacheinander niedergeschrieben worden, sondern sie sind das Ergebnis einer langen, Jahrhunderte dauernden Überlieferung und Komposition. Die ältesten Teile gehen in die Anfangszeit Israels zurück und wurden im Volk Israel zunächst mündlich erzählt und weitergegeben. Allmählich wurden die Erzählungen und Berichte aufgeschrieben. Die einzelnen Teile wurden zusammengefügt und immer wieder bearbeitet und ergänzt. Um die Mitte des 5. Jahrhunderts v. Chr. lagen die Bücher in der Form, wie wir sie kennen, vor. Weil von den 160 Kapiteln der Mosebücher etwa 75 Kapitel Gesetze enthalten, nennt man sie auch »das Gesetz«, die Tora. Für die Juden ist die Tora die zentrale Glaubensurkunde.

## Das Buch Josua

# »Fürchte dich nicht!«
## (Jos 8,1)

»Es war nichts dahingefallen von all dem guten Wort, das der HERR dem Hause Israel verkündigt hatte« (Jos 21, 45). So lautet die Bilanz, die der Schreiber des Josuabuches am Ende zieht. Mit wie viel Angst hatte das Volk nach der Wüstenwanderung vor dem Land gestanden, das Gott ihm verheißen hatte. Wie unüberwindlich erschien auch Josua, dem Nachfolger Moses, die Einnahme des Landes. Doch Gott steht zu seinem Volk. Unermüdlich spricht er Josua und den Israeliten Mut zu. »Ich will dich nicht verlassen, noch von dir weichen« (Jos 1,5), sagt er zu Josua. Und immer wieder der Zuruf: »Fürchte dich nicht!«

So gestärkt, zieht Israel in das verheißene Land ein. Und es erlebt Wunder über Wunder. Wohl hat das Volk eine Streitmacht. Aber bei jeder neuen Auseinandersetzung wird deutlich: Nicht die Kriegsmacht der Israeliten ist es, die sie über ihre Feinde siegen lässt. Gott allein ist es, der den Weg bahnt, Mauern einstürzen und einen Schrecken über die Feinde kommen lässt. Gott allein ist es, der die Feinde in die Hand Israels gibt.

Schwer verständlich für uns heute ist die Forderung Gottes, nach gewonnener Schlacht jeweils den »Bann« über die besiegten Bewohner zu vollziehen, sie vollständig auszurotten. Von hierher führt kein Weg zu dem Gebot der Feindesliebe, das Jesus uns gegeben hat. Doch das Buch Josua berauscht sich nicht am Untergang der Feinde, es sieht vielmehr in der Vollstreckung des »Banns« eine Maßnahme Gottes, sein Volk vor fremden Einflüssen zu schützen, die seinem Glauben gefährlich werden können.

Gott hat sein Wort wahr gemacht. Er hat seine Verheißung erfüllt und seinem Volk das versprochene Land gegeben: Dieser Ton des Jubels durchzieht das ganze Josuabuch. Er ist allerdings mit der eindrücklichen Mahnung verbunden, nun auch diesem Gott, der alles für sein Volk getan hat, die Treue zu halten, seinem Gebot zu folgen und den Bund mit Gott nicht zu brechen, den Josua nach der Einnahme des Landes in Sichem für das Volk schließt.

Wovon das Josuabuch erzählt, ist in manchem eine ferne Welt. Doch in vielem ist es uns ganz nah, spricht es uns unmittelbar an: Gott bahnt den Weg, auch in unserem ganz persönlichen Leben. Sein Zuruf: »Sei getrost und unverzagt!« darf uns Tag für Tag begleiten. Und immer ist er es, der uns weiterhilft und den Sieg gibt. Wie sollten wir ihm dafür nicht danken und unerschütterlich an seinem Wort festhalten! Es gilt, mit Israel zu bekennen: »Darum wollen wir auch dem HERRN dienen; denn er ist unser Gott.« (Jos 24,18)

## Lesetipps:

*Kap. 1,1-9: Gott verspricht Josua, ihn nicht zu verlassen*
*Kap. 2: Kundschafter gehen nach Jericho*
*Kap. 6: Jericho wird erobert und zerstört*
*Kap 24: Josua versammelt das Volk in Sichem und schließt einen Bund*

Kernstellen:
Siehe, ich habe dir geboten, dass du getrost und unverzagt seist. Lass dir nicht grauen und entsetze dich nicht; denn der HERR, dein Gott, ist mit dir in allem, was du tun wirst.

Jos 1,9

Achtet aber nur genau darauf, dass ihr den HERRN, euren Gott, liebt und wandelt in allen seinen Wegen und seine Gebote haltet und ihm anhangt und ihm dient von ganzem Herzen und von ganzer Seele.                    Jos 22,5

Josua sprach: Ihr sollt wissen von ganzem Herzen und von ganzer Seele, dass nichts dahingefallen ist von all den guten Worten, die der HERR, euer Gott, euch verkündigt hat. Es ist alles gekommen und nichts dahingefallen.      Jos 23,14

> Josua sprach: Ich aber und mein Haus wollen dem HERRN dienen.
>
> Jos 24, 15

## Das Buch der Richter

# »Der Geist des HERRN geriet über ihn.«
## (Ri 14,6)

Ganz so einfach, wie es im Buch Josua den Anschein hat, gestaltete sich der Neuanfang im Land Kanaan für die Israeliten nicht. Es waren trotz Eroberung und »Bann« noch viele der ursprünglichen Einwohner im Land mit ihren Göttern und Kulten. Vieles davon war für die Israeliten verführerisch und verlockte sie zum Abfall von Gott. Auch von außen her meldeten sich Feinde. Die Midianiter, räuberische Beduinenstämme, drangen ins Land ein. Dazu kamen die Moabiter, Ammoniter und Philister.

Der Verfasser des Richterbuches meint im Rückblick auf diese Anfangsgeschichte Israels, ein »System« im Handeln Gottes feststellen zu können: Immer wenn die Israeliten den Herrn verließen und anderen Göttern nachfolgten, gab Gott sie in die Hand ihrer Feinde. Dann schrie das Volk zu Gott, und der erweckte einen »Richter«, der sich der Geschicke Israels annahm, den Heerbann aufbot und die Feinde vertrieb. Über drei dieser »Richter« wird besonders ausführlich berichtet: die Richterin Debora und die Richter Gideon und Simson.

Es ist bemerkenswert, mit welch einer Selbstverständlichkeit in der patriarchalischen Welt Israels eine Frau, *Debora*, die Führung in die Hand nimmt, einen Heerführer gegen das Heer feindlicher Städte bestellt und mit in die Schlacht zieht. Sie verkündet im Auftrag Gottes: »Das ist der Tag, an dem dir der HERR den Sisera in deine Hand gegeben hat.« (Ri 4,14)

*Gideon* ist der Richter und Heerführer, der dem Zwölf-Stämme-

Volk gegen die Midianiter hilft. Hier treten Motive auf, die schon aus dem Buch Josua bekannt sind. »Ich will mit dir sein« (Ri 6,16), verheißt Gott dem Gideon. Und am Ende ist es Gott selbst, der der stark reduzierten Streitmacht Gideons zum Sieg verhilft.

*Simson* schließlich ist eine schillernde Figur, nirgends richtig einzuordnen. Ein Kraftprotz, ein Frauenheld, der schließlich an seiner Schwäche Frauen gegenüber scheitert. Was haben die merkwürdigen Taten dieses Mannes mit der Geschichte Gottes mit seinem Volk zu tun?, so fragt man irritiert. Und doch besteht das Richterbuch darauf, dass auch Simson von Gott berufen und mit seinem Geist ausgestattet war.

Das Richterbuch, ein buntes Buch, bunt wie das Leben selbst. Doch es zeigt ein Leben, das unentwegt von Gottes Handeln und Begleiten durchzogen ist. Selbst in den merkwürdigsten Erlebnissen meldet sich Gott zu Wort, ruft er zum Gehorsam und erweist er sich als der Gott, der die Seinen in die Freiheit führt.

## Lesetipps:

*Kap. 2: Israel zur Richterzeit*
*Kap 4-5: Die Richterin Debora*
*Kap. 6-8: Der Richter Gideon*
*Kap. 13-16: Die Geschichten Simsons*

Kernstellen:

Debora sang: So sollen umkommen, HERR, alle deine Feinde! Die ihn aber lieb haben sollen sein, wie die Sonne aufgeht in ihrer Pracht! Ri 5,31

Der HERR sprach zu Gideon: Geh hin in dieser deiner Kraft; du sollst Israel erretten aus den Händen der Midianiter. Siehe, ich habe dich gesandt! Ri 6,14

Simson rief den HERRN an und sprach: Herr HERR, denke an mich und gib mir Kraft, Gott, noch dies eine Mal, damit ich mich für meine beiden Augen *einmal* räche an den Philistern! Ri 16,28

## Das Buch Rut

# »Dein Gott ist mein Gott.«
## (Rut 1,16)

Das Buch Rut ist eine in sich geschlossene Erzählung von hohem dichterischen Rang. Sie handelt nicht wie die anderen Geschichtsbücher des Alten Testaments von Königen oder Herrschern in Israel, sondern ist in erster Linie eine ganz private Familiengeschichte.

Die beiden Hauptfiguren des Buches sind Noomi und Rut. Noomi ist eine Israelitin aus Bethlehem. Eine Hungersnot hat sie mit ihrem Mann Elimelech ins Land der Moabiter getrieben. Dort sterben er und seine beiden Söhne Machlon und Kiljon. Zurück bleibt Noomi mit ihren beiden moabitischen Schwiegertöchtern Orpa und Rut.

Da erfährt Noomi, dass sich die Lage in Israel gebessert hat, und sie beschließt, in ihre Heimat, in das Land ihrer Väter zurückzukehren. An der Grenze zu Israel verabschiedet sich Orpa von ihrer Schwiegermutter. Sie bleibt in ihrem Heimatland Moab. Rut aber zieht zusammen mit Noomi in das ihr fremde Israel. Sie tut das aus Treue zu ihrem verstorbenen Mann, aus Anhänglichkeit an ihre Schwiegermutter, aber nicht zuletzt auch im Vertrauen auf den Gott Israels: »Dein Volk ist mein Volk, und dein Gott ist mein Gott.«

Und der Gott Israels enttäuscht das Vertrauen der beiden Frauen nicht. Beim Ährenlesen lernt Rut Boas kennen, einen Verwandten Noomis. Sie wird seine Frau, und das Kind, das Rut und Boas bekommen, führt nach israelitischem Recht das Geschlecht von Noomis Mann fort. Für Noomi ist das ein sichtbares und in damaliger Zeit ungeheuer wichtiges Zeichen, dass Gott sie nicht vergessen hat.

Aber es geht in dieser Familiengeschichte nicht nur um Noomi. Es geht vor allem auch um Rut, die in Israel eine Fremde ist und eigentlich nach überwiegender damaliger Auffassung nichts von Gottes Güte und Barmherzigkeit zu erwarten hat. Doch Gottes Güte, so bezeugt es dieses Buch, lässt sich nicht eingrenzen, sie ist offen für alle Menschen, die sich voller Vertrauen Gott zuwenden. Wenn am Ende der Erzählung Rut als Großmutter Davids erscheint und sie in dieser Eigenschaft auch im Stammbaum Jesu aufgeführt wird (Mt 1,5), dann leuchtet etwas auf von der großen Liebe Gottes zu seinen Menschenkindern, die beim Volk Israel ihren Anfang nahm, in Jesus Christus aber der ganzen Welt gilt - und damit auch uns.

Kernstellen:
Rut antwortete: Wo du hingehst, da will ich auch hingehen; wo du bleibst, da bleibe ich auch. Dein Volk ist mein Volk, und dein Gott ist mein Gott.                          Rut 1,16
Boas sprach zu Rut: Der HERR vergelte dir deine Tat, und dein Lohn möge vollkommen sein bei dem HERRN, dem Gott Israels, zu dem du gekommen bist, dass du unter seinen Flügeln Zuflucht hättest.                          Rut 2,12

## Das erste Buch Samuel

# »Der HERR erniedrigt und erhöht.«
## (1 Sam 2,7)

Wie Gott mitgeht: So kann man die Erzählungen und Berichte des ersten Samuelbuches überschreiben. Es handelt von einer Zeit des Übergangs in der frühen Geschichte des Volkes Israel. Die sesshaft gewordenen Stämme müssen sich gegen einen mächtigen

Feind, die Philister, behaupten. Und sie merken, sie können es nicht, wenn sie sich nicht völlig neu organisieren.

Noch sind die Stämme alle für sich. Zusammengehalten werden sie vor allem durch das gemeinsame Heiligtum in Silo und durch den Dienst Samuels, der als Priester, Richter und Prophet zum Volk im Namen Gottes spricht. Wenn es sein muss, beruft er auch den Heerbann ein und zieht mit ihm gegen die Feinde Israels zu Feld. Aber die Israeliten verlangen nach einer strafferen Führung, einem König mit einer eigenen Streitmacht, wie ihn die umliegenden Völker auch haben. Samuel ist damit zunächst gar nicht einverstanden. Er befürchtet, dass diese neue Einrichtung die enge Verbindung des Volkes zu Gott stören könnte. Doch dann gibt er im Namen Gottes nach, und Israel bekommt in Saul seinen ersten König.

Der aber ist eine tragische Figur. Gerne möchte er Gottes Willen und den politischen Erfordernissen in gleicher Weise gerecht werden. Doch gegen die Philister kann er sich nicht durchsetzen, und das Wohlgefallen Gottes verliert er durch sein voreiliges und taktisches Handeln auch. Samuel muss ihm die Verwerfung durch Gott mitteilen. Aus dem anfangs strahlenden König wird ein verängstigter Despot, der in dem jungen David einen Feind und Widersacher sieht, den es zu verfolgen gilt.

Man möchte fragen, warum Gott ausgerechnet mit einem so schwachen König die Königsgeschichte Israels beginnen lässt. Doch auf diese Frage gibt es keine Antwort. Es gibt nur die Feststellung, dass Gott weiter mitgeht mit seinem Volk und in David ihm einen König schenkt, wie es seitdem keinen mehr gegeben hat. Denn David ist nun wirklich ein Mann nach dem Herzen Gottes. Er ist mutig, klug, voller Eifer für den Gott Israels und voller Respekt gegenüber dessen Handeln: Den höhnenden Philister Goliat tötet er im Zweikampf; seinen Verfolger Saul aber lässt er leben, weil ihn Gott gesalbt und zum König über Israel eingesetzt hat.

David kann warten. Er wartet, bis Saul in einer Entscheidungsschlacht gegen die Philister fällt. Nun ist der Weg frei für den größten König, den Israel je hervorgebracht hat. An David werden alle kommenden Könige gemessen werden und die Erinnerung an ihn wird das Bild des Messias prägen, des ersehnten Königs der Heilszeit.

## Lesetipps:

*Kap. 1,1-2,11: Die Geburt Samuels und der Lobgesang der Hanna*
*Kap. 3: Samuel wird von Gott berufen*
*Kap. 9-10: Saul wird Israels erster König*
*Kap. 15: König Saul wird von Gott verworfen*
*Kap. 16: David wird von Samuel zum König Israels gesalbt*
*Kap. 17: Der Kampf zwischen David und Goliat*
*Kap. 31: Das Ende Sauls und seiner Söhne*

Kernstellen:
Der HERR tötet und macht lebendig, führt hinab zu den Toten und wieder herauf. 1 Sam 2,6
Gott spricht: Wer mich ehrt, den will ich auch ehren; wer aber mich verachtet, der soll wieder verachtet werden.
1 Sam 2,30
Ein Mensch sieht, was vor Augen ist; der HERR aber sieht das Herz an. 1 Sam 16,7

## Das zweite Buch Samuel

# »Der Gesalbte des Gottes Jakobs«
## (2 Sam 23,1)

David, von dessen Königsherrschaft über Juda und Israel das zweite Buch Samuel berichtet, ist beides zugleich: ein unglaublich geschickter Staatsmann und ein Mensch, der in enger Verbindung und Zwiesprache mit Gott lebt.

Als König Saul im Kampf gegen die Philister gefallen ist, befragt David Gott über seinen weiteren Weg. Der schickt ihn nach Hebron, wo ihn die Südstämme zu ihrem König wählen. Die Nordstämme dagegen erwählen sich Isch-Boschet, den Sohn Sauls, zu ihrem König. Natürlich möchte David auch über die Nordstämme herrschen. Aber er kann warten. Erst als sich Isch-Boschet nicht an der Macht halten kann und von seinen eigenen Leuten ermordet wird, lässt David sich zum König über die Nordstämme salben. Sodann erobert er Jerusalem als sein eigenes Machtzentrum und holt die Bundeslade als Zentralheiligtum in seine Stadt. So wird er zum unbestrittenen König über ganz Israel, der auch nach außen sein Reich festigt und vergrößert.

Sein Plan, dem Gott Israels ein festes Haus zu bauen, wird ihm allerdings verwehrt. Stattdessen verheißt Gott dem David, ihm ein Haus zu bauen. Sein Königshaus soll Bestand haben. Auch seine Nachkommen werden über Israel herrschen.

Doch dann, auf der Höhe seiner Macht, fällt David in schwere Schuld. Er begeht Ehebruch mit der Frau eines seiner Soldaten und lässt diesen umbringen. Dazu kann Gott nicht schweigen. Durch den Propheten Nathan wird David seiner Schuld überführt. Der König bekennt: »Ich habe gesündigt gegen den HERRN.« Und Gott vergibt ihm. Doch das von Gott verhängte Gericht muss er ertragen.

Noch ein zweites Mal wird Davids persönliche Schwäche trotz aller Staatsklugheit deutlich. Als sein Sohn Absalom, den er abgöttisch liebt, sich gegen ihn empört und den Königsthron beansprucht, muss David unter erniedrigenden Umständen aus Jerusalem fliehen. Doch dann siegen wieder, trotz aller Vaterliebe, sein Machtwille und seine Klugheit. Er kann sich gegen seinen Sohn behaupten. Absalom kommt im Kampf um, und David wird als König nach Jerusalem zurückgerufen.

»Du erhöhst mich über die, die sich gegen mich erheben« (2 Sam

34

22,49), so rühmt David Gott in einem Danklied am Ende des Buches. Er, »der Gesalbte des Gottes Jakobs«, wie er sich selber nennt, hält trotz aller Schuld und aller Schwächen unbeirrbar an seinem Gott fest. Als er durch eine Volkszählung aufs Neue vor Gott schuldig wird, da will er, vor die Alternative gestellt, statt in die Hand der Menschen lieber in die Hand Gottes fallen, »denn seine Barmherzigkeit ist groß«.

## Lesetipps:

*Kap. 2: David wird König über Juda*
*Kap. 5,1-16: David wird König über ganz Israel und erobert Jerusalem*
*Kap. 6: David holt die Bundeslade nach Jerusalem*
*Kap. 7: Gottes Verheißung an David*
*Kap. 11,1-12,25: David begeht Ehebruch mit Batseba und wird vom Propheten Nathan zur Rede gestellt*
*Kap. 15—19: Die Empörung Absaloms gegen seinen Vater David*
*Kap. 22: Davids Danklied*

Kernstellen:
David sprach: Wer bin ich, Herr HERR, und was ist mein Haus, dass du mich bis hierher gebracht hast?     2 Sam 7,18
Da sprach David zu Nathan: Ich habe gesündigt gegen den HERRN. Nathan sprach zu David: So hat auch der HERR deine Sünde weggenommen; du wirst nicht sterben.

2 Sam 12,13
David sprach zu Gad: Es ist mir sehr angst, aber lass uns in die Hand des HERRN fallen, denn seine Barmherzigkeit ist groß; ich will nicht in der Menschen Hand fallen. 2 Sam 24,14

## Das erste Buch der Könige

# »Ist der HERR Gott, so wandelt ihm nach.«
## (1 Kön 18,21)

Ein mächtiges Reich hat David durch seine Eroberungen und Kämpfe geschaffen. Nun kann sich Gottes Volk gegen seine Feinde behaupten. Doch wie wird nach dieser großen Zeit die Geschichte Israels weitergehen? Darüber berichten die Bücher der Könige.

Von verschiedenen Königen ist im 1. Königsbuch die Rede. Der wichtigste ist König Salomo. Ihm ist die Hälfte dieses Buches gewidmet. Salomos Stärke ist nicht Kampf und Eroberung, sondern der innere Ausbau und die Sicherung des Reiches, das sein Vater geschaffen hat. Er macht aus Jerusalem eine wirkliche Königsresidenz und schafft durch den Bau des Tempels für den Glauben Israels einen Mittelpunkt, ein Zuhause. »Lass deine Augen offen stehen über diesem Hause Nacht und Tag, und wollest erhören das Flehen deines Knechts und deines Volkes Israel, wenn sie hier bitten werden an dieser Stätte«, so betet Salomo bei der Einweihung des Tempels.

Auch sonst kommt es unter Salomo zu einer kulturellen und wirtschaftlichen Blüte Israels. Salomos große Weisheit ist weithin bekannt, selbst im fernen Afrika hört eine Königin davon und kommt nach Jerusalem, um Salomo kennen zu lernen.

Doch schon gegen Ende seiner Regierungszeit machen sich Auflösungserscheinungen bemerkbar. Das Reich bröckelt an seinen Rändern, und Salomo selbst lässt sein Herz nicht ungeteilt bei seinem Gott, sondern gibt auch noch anderen Religionen Raum. Und schon gleich nach seinem Tod zerbricht Israel in zwei Teile. Der Davidsdynastie bleiben nur Jerusalem und Judäa, während das ganze übrige Reich als Nordreich ein selbständiger Staat wird.

Um die Trennung auch auf kultischem Gebiet zu vollziehen, errichtet der erste König des Nordreichs, Jerobeam, zwei neue Heiligtümer in Bethel und Dan. Und einer seiner Nachfolger, König Ahab, erklärt die heidnische Baalsreligion neben der Verehrung Jahwes für gleichberechtigt.

Das ruft den Propheten Elia auf den Plan, der unerschrocken und mit großem Mut für die alleinige Verehrung Jahwes kämpft und das Gottesurteil auf dem Karmel herausfordert. Als seinem Kampf aber kein dauernder Erfolg beschieden ist, bricht Elia zusammen und muss erfahren, dass auch er, der große Gotteskämpfer, einzig und allein davon lebt, dass Gott ihm immer wieder neue Kraft verleiht. Nicht Elias Kampf ist es, der das Volk Gottes vom Verderben rettet, sondern Gottes Verheißung: »Ich will übrig lassen siebentausend in Israel, alle Knie, die sich nicht gebeugt haben vor Baal.« (1 Kön 19,18)

## Lesetipps:

*Kap. 1: Davids Sohn Salomo wird zum König Israels gesalbt*

*Kap. 3: Salomo bittet Gott um Weisheit und fällt ein weises Urteil*

*Kap. 6: Salomo baut den ersten Tempel Israels*

*Kap 8,1-30: Gott zieht in den Tempel ein; das Gebet Salomos*

*Kap. 12: Israel zerfällt nach Salomos Tod in zwei Teilreiche*

*Kap. 17-19: Der Prophet Elia kämpft im Nordreich gegen die Baalsreligion*

---

Kernstellen:

Salomo sprach zu Gott: So wollest du deinem Knecht ein gehorsames Herz geben, damit er dein Volk richten könne und verstehen, was gut und böse ist.　　　　　　　1 Kön 3,9

Lass deine Augen offen stehen über diesem Hause Nacht und Tag, über der Stätte, von der du gesagt hast: Da soll mein Name sein. Du wollest hören das Gebet, das dein Knecht an dieser Stätte betet.　　　　　　　1 Kön 8,29

Elia sprach zu dem Volk: Wie lange hinkt ihr auf beiden Sei-

ten? Ist der HERR Gott, so wandelt ihm nach, ist's aber Baal,
so wandelt ihm nach. 1 Kön 18,21

## Das zweite Buch der Könige

# »Und doch hatte der HERR Israel und Juda gewarnt.«
## (2 Kön 17,13)

Das zweite Buch der Könige beginnt mit Ereignissen aus dem Leben des Propheten Elisa, die zeigen, wie Gott sein Volk durch das Wort seiner Propheten führt und rettend in das Leben von Menschen eingreift. Dann aber wird die Geschichte der Könige Israels weitererzählt. Es ist eine Geschichte mit einem erschütternden Ende. Vom Großreich Davids, das schon bald nach seinem Tod in ein Nordreich und ein Südreich zerfiel, ist am Ende nichts mehr übrig. Im Jahre 722 v. Chr. wird Samaria, die Hauptstadt des Nordreichs, von den Assyrern erobert und seine Oberschicht in eine Verbannung geführt, aus der niemand mehr zurückkehrt. 135 Jahre später fällt auch Jerusalem unter dem Ansturm der Babylonier. Stadt und Tempel werden vollständig zerstört, und die Oberschicht muss für Jahrzehnte in die Babylonische Gefangenschaft ziehen.

Wie konnte es nur dahin kommen, so fragen die Verfasser dieses Geschichtswerkes, wie war es möglich, dass über das Volk Gottes eine solch furchtbare Katastrophe hereinbrach? Waren Gottes Verheißungen hinfällig geworden? War der Gott Israels vielleicht nur ein Gott unter anderen, der sich gegen seine stärkeren Rivalen nicht durchsetzen konnte?

Nein, so lautet die Antwort, die Schuld liegt eindeutig beim Gottesvolk selbst. Immer wieder hatte der Herr Israel und Juda gewarnt, immer wieder hatte er seine Propheten gesandt, um das

Volk weg von allem Götzendienst und hin zum lebendigen Gott und zu seinen Weisungen zu rufen. Aber weder das Nordreich noch das Südreich hatten auf die Warnungen gehört.

Über die Könige im Nordreich werden ausschließlich negative Urteile gefällt. Lediglich von zwei Königen des Südreichs wissen die Autoren des Geschichtswerks Positives zu sagen: König Hiskia hatte versucht, den Gottesdienst von allem Heidnischen zu reinigen. Und unter König Josia wurde im Tempel ein altes Exemplar des göttlichen Gesetzes gefunden, was zu einer groß angelegten Reform des gesamten Kultus führte. Zwei Lichtblicke in einer dunklen Geschichte, die aber die Katastrophe nicht aufhalten konnten.

Wir können heute nur staunen, wie mutig sich hier die Nachkommen zur Schuld ihrer Väter bekennen und Gott selbst noch im Gericht die Ehre geben. Wo gibt es sonst noch ein Volk, das zu einer so ungeschminkten und ehrlichen Geschichtsschreibung in der Lage wäre?

## Lesetipps:

*Kap 2 und 4-6: Geschichten vom Propheten Elisa*
*Kap. 17: Das Nordreich wird von den Assyrern erobert und erlischt*
*Kap. 18-20: König Hiskia von Juda*
*Kap. 22,1-23,30: König Josia von Juda*
*Kap. 23,31-25,30: Das Ende des Südreichs*

---

Kernstellen:

Als Elia und Elisa miteinander gingen und redeten, siehe, da kam ein feuriger Wagen mit feurigen Rossen, die schieden die beiden voneinander. Und Elia fuhr im Wetter gen Himmel.

2 Kön 2,11

Und doch hatte der HERR Israel und Juda gewarnt durch alle Propheten und alle Seher und ihnen sagen lassen: Kehrt um von euren bösen Wegen und haltet meine Gebote. Aber sie gehorchten nicht. 2 Kön 17,13.14

Der König Josia trat an die Säule und schloss einen Bund vor dem HERRN, dass sie dem HERRN nachwandeln sollten und seine Gebote, Ordnungen und Rechte halten von ganzem Herzen und von ganzer Seele. 2 Kön 23,3

## Die Bücher Josua bis 2. Könige

Obwohl in der Überlieferung die fünf Bücher Mose als eine Einheit zusammengestellt wurden, gehen die Geschichten und Berichte über das Schicksal des Volkes Israel in den folgenden Büchern kontinuierlich weiter. Die Bücher Josua und Richter sowie die zwei Bücher Samuel und die zwei Bücher der Könige berichten von der Eroberung des Gelobten Landes, der Entstehung des Königtums in Israel, dem Zerfall des Gesamtreiches in ein Nord- und Südreich bis hin zum Untergang des Nordreiches im Jahr 721 und des Südreiches im Jahr 587 v. Chr..

Auch diese Bücher wurden nicht in einem Zug niedergeschrieben, sondern aus verschiedenen Quellen zusammengestellt und überarbeitet. So lässt sich auch für sie kein Verfasser mit Namen nennen. Die endgültige Form erhielten diese Bücher nach Meinung der Wissenschaft zur Zeit des Exils, in der Mitte des 6. Jahrhunderts v. Chr.

# Die zwei Bücher der Chronik

## »Alles Volk sagte: Amen! und: Lobe den HERRN!«
### (1 Chr 16,36)

Nach der Rückkehr aus dem babylonischen Exil gab es in Jerusalem eine Gruppe von Menschen, die sich daranmachte, die Geschichte des Südreiches, seiner Könige und des Endes des Königreiches noch einmal unter einem ganz bestimmten Gesichtspunkt aufzuschreiben. Dabei benutzte man die Berichte, die in den Samuel- und Königsbüchern vorlagen. Zum Teil sind die entsprechenden Texte einfach wörtlich aus der Vorlage übernommen. Und doch ist es nicht schwer, das besondere Anliegen der »Chronisten« zu erkennen. Es wird dort sichtbar, wo sie Texte aus ihren Vorlagen weglassen oder neue hinzufügen.

Auffällig sind die Stammbäume und Geschlechtsregister am Anfang der Chronikbücher, die bei Adam beginnen und besonders die Geschlechter Levis und die Ämter der Leviten berücksichtigen. Der erzählende Teil setzt mit der Erzählung vom Ende Sauls ein und berichtet dann von der Geschichte des Südreichs bis zum Exil und der Rückkehr aus dem Exil. Interessant ist, dass die Geschichte des Nordreichs, von der die Königsbücher erzählen, bei den Chronisten völlig übergangen wird. Die judäischen Rückkehrer aus dem Exil fanden im ehemaligen Nordreich eine Mischbevölkerung vor, die ihnen feindlich gesonnen war und in der sie kein ehemaliges Brudervolk mehr erkannten. Darum wird die Geschichte des Nordreichs nicht mehr erwähnt.

Im Mittelpunkt der Chronikbücher steht die Geschichte der Bundeslade, des Tempelbaus und vor allem des Tempelgottesdienstes. Darauf konzentriert sich alles Denken. Dass dieser Gottesdienst, den man auf David und Salomo zurückführt, ordnungsgemäß durchgeführt wird, dass Gott in rechter Weise gelobt und angebetet wird, darum kreisen letztlich alle Ausführungen.

Wie in den Königsbüchern werden die einzelnen Könige des Südreichs einer Wertung unterzogen. Aber während die Königsbücher danach ihr Urteil fällten, ob und wie weit die Könige in den Wegen des Gesetzes wandelten, liegt der Akzent bei den Chronisten auf der Frage: Was haben die einzelnen Könige für den Tempel und seinen Gottesdienst getan? Am rechten Gottesdienst liegt alles. Die Verfasser der Chronikbücher meinen im Rückblick zu erkennen, dass Gott auf jede Abweichung vom rechten Gottesdienst durch Strafe und Gericht noch in derselben Generation geantwortet hat.

In dieser und in anderen Aussagen mögen uns die Chronikbücher fremd vorkommen. Dass aber dem Gotteslob, der Anbetung, der Feier der Herrlichkeit Gottes auch in unserem Leben ein ganz zentraler Platz zukommt, das machen nach über 2000 Jahren die Chronikbücher noch heute unübersehbar deutlich.

## Lesetipps:

*1 Chr 15: Die Bundeslade wird nach Jerusalem gebracht. Der Dienst der Priester und Leviten*
*2 Chr 20: Ein Kriegszug unter Lobgesang*

Kernstellen:
David befahl den Obersten der Leviten, dass sie ihre Brüder, die Sänger, bestellen sollten mit Saitenspielen, mit Psaltern, Harfen und hellen Zimbeln, dass sie laut sängen und mit Freuden.                                                     1 Chr 15,16
Der HERR erforscht alle Herzen und versteht alles Dichten und Trachten der Gedanken. Wirst du ihn suchen, so wirst du ihn finden; wirst du ihn aber verlassen, so wird er dich verwerfen ewiglich!                                              1 Chr 28,9
Joschafat sprach: Glaubt an den HERRN, euren Gott, so werdet ihr sicher sein, und glaubt seinen Propheten, so wird

es euch gelingen. Und er bestellte Sänger für den HERRN, dass sie in heiligem Schmuck Loblieder sängen und vor den Kriegsleuten herzögen und sprächen: »Danket dem HERRN; denn seine Barmherzigkeit währet ewiglich.« 2 Chr 20,20.21

## Die Bücher Esra und Nehemia

# »Die Hand unseres Gottes ist zum Besten über allen, die ihn suchen.«
## (Esr 8,22)

Es gibt einen Neuanfang. Ungefähr fünfzig Jahre nach der Wegführung in die Babylonische Gefangenschaft gestattet der persische König Kyrus 538 v. Chr. den Juden, nach Jerusalem zurückzukehren und den Tempel wieder aufzubauen. Zu den ersten Rückkehrern gehören Serubbabel, ein Enkel des Königs Jojachin, und der Priester Jeschua. Unter ihrer Leitung wird der Brandopferaltar in Jerusalem errichtet und der tägliche Opferdienst wieder aufgenommen. Auch der Grundstein zum Tempel wird gelegt. Doch dann ruht der Tempelbau.

Knapp zwanzig Jahre später, 520 v. Chr., ist es der Prophet Haggai, der im Auftrag Gottes die Jerusalemer ermahnt, doch endlich den Tempel wieder aufzubauen. Die Not, unter der die heimgekehrten Juden leiden, komme daher, dass der Tempel »so wüst dasteht und ein jeder nur eilt, für *sein* Haus zu sorgen« (Hag 1,9). So wird der Tempelbau erneut in Angriff genommen und im Jahr 515 v. Chr. glücklich vollendet.

Unter dem persischen König Artaxerxes I. (464-424) zieht eine weitere Gruppe von Juden aus Babylon in die Heimat zurück. Unter ihnen sind der Priester und Schriftgelehrte Esra sowie Nehemia, ein hochgestellter Beamter am persischen Hof. Gegen den Widerstand der feindlichen Nachbarn baut Nehemia die Mauern Jerusalems wieder auf, während Esra den Geboten Gottes wieder Geltung zu verschaffen sucht. Bei einer großen Gemeindeversammlung liest Esra dem Volk das Gesetz Gottes vor und verpflichtet es, sich nunmehr treu an Gottes Gebote zu halten. Damit ist der äußere und innere Wiederaufbau nach der Babylonischen Gefangenschaft beendet.

Gott »verletzt und verbindet; er zerschlägt, und seine Hand heilt«, so heißt es im Buch Hiob (Hiob 5,18). Und genauso hatte es das Volk Israel erfahren. Gott war es, der sein Volk durch feindliche Machthaber ins Gericht, in die Katastrophe geführt hatte und nun – wieder durch das Eingreifen fremder Könige – einen Neuanfang ermöglichte. Dabei aber blieb wichtig: Ohne Gottes Gesetz, ohne Treue zu seinem Wort und Gebot ist aller Neuanfang vergeblich. Gott kann sich vieler Menschen und Mächte bedienen, um sein Gericht und seine Gnade durchzusetzen. Entscheidend aber ist und bleibt der Aufblick zu ihm, das Hören auf sein Wort, das Vertrauen in seine Führung und der Gehorsam gegenüber seinem Gebot.

## Lesetipps:

*Esr 3-6: Die zurückgekehrten Israeliten bauen den zerstörten Tempel wieder auf*

*Esra 9: Das Bußgebet Esras*

*Neh 2: Nehemia beginnt mit dem Aufbau der Stadtmauern*

*Neh 8: Esra verliest das Gesetz Gottes; Feier des Laubhüttenfestes*

*Neh 9-10: Das Volk tut Buße und verpflichtet sich, Gottes Gesetz zu halten*

Kernstellen:
Esra richtete sein Herz darauf, das Gesetz des HERRN zu erforschen und danach zu tun und Gebote und Rechte in Israel zu lehren. Esr 7,10

HERR, Gott Israels, du bist getreu; denn wir sind übrig geblieben als Errettete, wie es heute ist. Siehe, hier sind wir vor dir in unserer Schuld; darum können wir nicht bestehen vor deinem Angesicht. Esr 9,15

Seid nicht bekümmert; denn die Freude am HERRN ist eure Stärke. Neh 8,10

## Die zwei Bücher der Chronik und die Bücher Esra und Nehemia

Diese vier Bücher bilden in sich eine Einheit. Die beiden Bücher der Chronik beginnen noch einmal bei Adam, dem ersten Menschen, enthalten aber am Anfang keine Geschichten, sondern nur Stammbäume und Namenslisten bis hin zum König Saul. Dann werden die Texte des zweiten Samuelbuches und der beiden Königsbücher zum Teil wörtlich übernommen. In den Texten, die über das zweite Buch Samuel und die Königsbücher hinausgehen, spürt man eine deutliche Ausrichtung auf den Tempel und seinen Kult, auf das Priestertum und die Leviten. Weil den Verfassern der Chronikbücher der Gottesdienst in Israel besonders am Herzen lag, haben ihre Verfasser die ganze Geschichte Israels unter diesem Aspekt noch einmal erzählt.

Die Bücher Esra und Nehemia sind in demselben Stil und in derselben Ausrichtung geschrieben. Sie handeln von der Rückkehr Israels aus dem Exil, dem Wiederaufbau des Tempels und der Neuordnung des Gottesdienstes.

Namentlich sind uns die Verfasser der vier Bücher nicht bekannt. Aber es handelt sich um ein einheitliches Werk, das in seiner heutigen Form etwa um 400 vor Christus entstanden ist.

Das Buch Ester

# »Für die Juden aber war Licht und Freude und Wonne und Ehre gekommen.«
## (Est 8,16)

Das Buch Ester gehört zu den am wenigsten bekannten Büchern der Bibel. Die Reformatoren konnten nichts mit ihm anfangen. Auch heute wird im kirchlichen Raum kaum über das Buch gepredigt oder nachgedacht.

Auf den ersten Blick ist das verständlich. Das Buch Ester ist ein Bericht aus der Geschichte des jüdischen Volkes, in dem der Glaube an Gott keine Rolle zu spielen scheint. Der Name Gottes wird nirgends erwähnt. Es geht alles völlig weltlich zu. Doch ist zu fragen, ob der Verfasser tatsächlich ein völlig »weltliches« Buch schreiben wollte oder ob das Buch nicht doch, wenn auch unausgesprochen, die ganze Zeit von Gott handelt.

Wovon ist in diesem Buch die Rede? Der Verfasser berichtet von einer großen, lebensbedrohenden Gefahr, die über die im Perserreich lebenden Juden zur Zeit des König Ahasveros (Xerxes) hereinbrach, und von ihrer wunderbaren Errettung. Wie zu allen Zeiten so erregten schon damals die Juden durch ihr Festhalten an ihren religiösen Traditionen und durch ihre Weigerung, weltlichen Herrschern göttliche Ehren zu erweisen, das Missfallen der Machthaber und der übrigen Bevölkerung. Im Buch Ester ist es der Vertraute des Königs, ein Mann mit Namen Haman, der die Vernichtung der Juden im Perserreich betreibt und beim König ein Edikt durchsetzen kann, das ihre Tötung an einem bestimmten Tag befiehlt.

Dass es nicht dazu kam, ist der Tapferkeit und dem Einsatz des Juden Mordechai und seiner Nichte Ester zu verdanken, die ihre

Stellung als Frau des Königs dazu nutzen kann, die Juden im persischen Reich zu retten. Das Edikt kann zwar nicht mehr zurückgenommen werden, aber die Juden erhalten die Erlaubnis, sich zu verteidigen, was zu einem großen Sieg der jüdischen Bevölkerung über ihre Bedränger führt. In Erinnerung an den Sieg über ihre Feinde feiern die Juden bis heute das Purimfest, von dessen Einsetzung am Schluss des Esterbuches berichtet wird.

Wie gesagt, der Name Gottes wird im ganzen Buch nicht erwähnt. Aber dass zur richtigen Zeit die richtigen Personen an der richtigen Stelle waren, um die bedrängten Juden aus ihrer Todesgefahr zu erretten, das ist nach der ganzen Tendenz des Buches kein Zufall, sondern ein Handeln Gottes, wenn auch ganz im Verborgenen. Wer dem Gott der Bibel vertraut, darf wissen, dass er keinem blinden Schicksal ausgeliefert ist. Hinter allem Geschehen im persönlichen und politischen Bereich steht Gott, der seine Pläne ausführt und dazu Menschen gebraucht, die ihm die Treue halten.

## Lesetipps:

*Kap. 3: Der Plan, alle Juden im persischen Reich umzubringen*
*Kap. 8: Die Lage der Juden wendet sich zum Guten*
*Kap. 9,17-32: Die Einsetzung des Purimfestes*

Kernstellen:
Haman sprach zum König Ahasveros: Es gibt ein Volk, zerstreut und abgesondert unter allen Völkern in allen Ländern deines Königreichs, und ihr Gesetz ist anders als das aller Völker, und sie tun nicht nach des Königs Gesetzen. Es ziemt dem König nicht, sie gewähren zu lassen.                     Est 3,8
Die Königin Ester antwortete: Wir sind verkauft, ich und mein Volk, dass wir vertilgt, getötet und umgebracht werden.
                                                                                          Est 7,3.4
Die Stadt Susa jauchzte und war fröhlich. Für die Juden aber war Licht und Freude und Wonne und Ehre gekommen.
                                                                                          Est 8,15.16

## Das Buch Hiob

# »Dass es doch zwischen uns einen Schiedsmann gäbe!«
## (Hiob 9,33)

Das Hiobbuch erzählt eigentlich zwei Geschichten. In der ersten (Kap. 1-2; 42, 10-17) wird der fromme und gottesfürchtige Mann auf die Probe gestellt. Gott lässt es zu, dass der Satan dem Hiob alles, was er hat, nimmt: sein Hab und Gut, seine Gesundheit und seine Kinder. Hiob aber besteht die Probe. Auch im größten Leid hält er unerschütterlich an Gott fest und wird dafür am Ende fürstlich belohnt.

Eingefügt in diese »Rahmenerzählung« ist eine zweite Geschichte, die Auseinandersetzung Hiobs mit seinen drei Freunden, denen sich später noch ein vierter hinzugesellt. Hier geht es um die Frage des Leids. »Wie kann Gott das zulassen?«, so fragt Hiob und ist uns dabei ganz nahe, weil wir auch oft diese Frage stellen. Für die Freunde Hiobs ist die Antwort einfach. Sie sind der Meinung: Ein solch grauenhaftes Unheil kann nur eine Strafe Gottes sein. Hiob solle schleunigst seine Schuld eingestehen, dann würde auch Gott wieder seine Güte erweisen. Aber Hiob weiß von keiner Schuld. Er findet die Reden der Freunde unerträglich. Doch auch sein Leiden wird ihm mehr und mehr zur Last, genauso wie das Schweigen Gottes. Warum hat Gott ihn so mit Unglück und Schmerzen eingedeckt? Was will er mit all dem bezwecken? Warum legt Gott ihm nicht die Gründe für sein unbegreifliches Handeln vor?

Alle fromme Ergebenheit fällt von Hiob ab. Er kämpft gegen seine besserwisserischen Freunde, und er kämpft gegen Gott, den er nicht mehr versteht. Doch erstaunlicherweise tut er eins nicht, obwohl es ihm seine Frau schon von Anfang an geraten hatte:

Hiob sagt Gott nicht ab. Er klammert sich an seinen Gott, auch wenn er nichts mehr von dem versteht, was Gott tut.

Am Ende schließlich antwortet Gott doch. Sicherlich anders, als wir es erwartet hätten. Gott tröstet nicht, erklärt auch Hiobs Leiden nicht. Vielmehr zeigt Gott, wie er als Schöpfer seiner Schöpfung zugewandt bleibt. Die Gottesrede handelt hauptsächlich von der Tierwelt. Doch der Schluss liegt nahe: Sollte Gott sich da nicht auch um seine Menschenkinder kümmern?

Hiob versteht: Er ist als Mensch viel zu klein, um von Gott Rechenschaft zu fordern. Für das Leid in der Welt gibt es letztlich keine Erklärung. Aber Gott ist so groß, dass er seinen Menschen auch im Leid nahe ist.

Als ein von Gott Verlassener hat viel später auch Jesus an Gott festgehalten. Damit öffnet sich eine Dimension, die weit über das Alte Testament hinausweist.

## Lesetipps:

*Kap. 1-2, 10 und 42, 10-17: Die Rahmenerzählung*
*Kap. 2, 11-3, 26: Der Besuch der Freunde und Hiobs Klage*
*Kap. 4-5: Elifas versucht, Hiobs Leid zu erklären*
*Kap. 8: Bildad rät Hiob, sich an Gott zu wenden*
*Kap. 9: Hiob will Recht haben vor Gott*
*Kap. 19: Hiob hofft auf Gott als seinen Anwalt*
*Kap. 31: Hiob fordert Gott auf, ihm endlich zu antworten*
*Kap. 38, 1-40, 2: Gott antwortet Hiob*
*Kap. 42, 1-9: Hiob gibt Gott Recht; Gott rechtfertigt Hiob*

Kernstellen:

Hiob sprach: Haben wir Gutes empfangen von Gott und sollten das Böse nicht auch annehmen? Hiob 2,10

Hiob sprach: Ich soll ja doch schuldig sein! Warum mühe ich mich denn so vergeblich? Hiob 9,29

Hiob sprach: Dass es doch zwischen uns einen Schiedsmann gäbe, der seine Hand auf uns beide legte! Hiob 9,33

> Der HERR antwortete Hiob und sprach: Wer mit dem All-
> mächtigen rechtet, kann der ihm etwas vorschreiben? Wer
> Gott zurechtweist, der antworte! Hiob 40,1.2
> Hiob antwortete dem HERRN und sprach: Siehe, ich bin zu
> gering, was soll ich antworten? Ich will meine Hand auf mei-
> nen Mund legen. Hiob 40,3.4

## Die Psalmen

# »Lobe den HERRN, meine Seele!«
## (Ps 103,1)

Das Buch der Psalmen ist das Gebet- und Gesangbuch des Volkes
Israel. In einigen Fällen vor, zum größten Teil aber nach dem babylonischen Exil entstanden, wurden die Psalmen vornehmlich
im Heiligtum gebetet und gesungen. Zum Teil wurden sie für be-
stimmte gottesdienstliche Anlässe (Wallfahrten, Prozessionen,
Einsetzung von Königen, Bußfeiern, Lob- und Dankgottesdiens-
te etc.) gedichtet und dann im Tempel gebetet. Bei einer großen
Anzahl von Psalmen kann man aber auch annehmen, dass diese
von Privatleuten formuliert und dann im Tempel gebetet und
schriftlich hinterlegt wurden. So hatten auch andere Tempelbesu-
cher die Gelegenheit, diese Gebete zu benutzen und sie für ihre
persönlichen Anliegen und Bedürfnisse umzuformulieren, abzu-
ändern und zu ergänzen. Oft lässt sich deshalb die konkrete Situation, in der ein Psalm entstanden ist, nicht mehr feststellen. Die
Psalmen wurden zum Allgemeingut des feiernden und betenden
Volkes Gottes.
Uns Heutigen sind die Psalmen nah und fern zugleich. In vielen
Psalmversen werden Situationen der Angst und Bedrängnis, der

Aussichts- und Hilflosigkeit so plastisch und anschaulich dargestellt und die an Gott gerichteten Bitten um Hilfe so dringlich formuliert, dass wir uns in ihnen auch noch nach über 2000 Jahren wiederfinden und diese Worte ohne weiteres mitbeten können. Auch Aussagen des Vertrauens zu Gott, der erfahrenen Hilfe und Rettung, des Dankes und des Gotteslobs sind oft so überzeugend, dass es uns nicht schwer fällt, sofort in sie einzustimmen. Andere Psalmworte sind dagegen stark zeitgebunden und gehören ganz in die kulturelle, politische und kultische Umgebung des alten Israel hinein. Sie müssen erst erklärt werden oder bleiben uns überhaupt unzugänglich.

Auffallend für uns heute ist vor allem die starke Unterscheidung zwischen Gerechten und Sündern, zwischen den Frommen und deren Feinden, die als solche immer auch zugleich Feinde Gottes sind. Von diesen Feinden ist in vielen Psalmen die Rede. Sie stammen zumeist aus der nächsten Umgebung des Beters, bedrängen ihn, verhöhnen ihn, beschuldigen ihn grundlos und setzen alles daran, ihn zu vernichten. Vor ihnen sucht der Beter Zuflucht im Tempel. Wenn er dann seine Not Gott vorträgt, scheut er sich nicht, seinen Feinden das Schlimmste zu wünschen und Gott zu bitten, sie auf das Härteste zu bestrafen. Wichtig aber ist dabei, dass der Beter seinen Rachegefühlen zwar freien Lauf lässt, die Rache selbst aber Gott anbefiehlt, in dessen Händen er sich geborgen weiß.

Im Beten der Psalmen, die auch in der christlichen Gemeinde eine tragende Bedeutung haben, sind das alte und das neue Gottesvolk vor demselben Gott vereint.

## Lesetipps:

*Psalm 1: Ein Lobpreis des Gesetzes*
*Psalm 13: Ein Klagepsalm*
*Psalm 23: Ein Vertrauenspsalm*
*Psalm 51: Ein Bußpsalm*
*Psalm 84: Ein Lobpsalm über die Freude am Hause Gottes*

*Psalm 103: Ein Lobpsalm über die Barmherzigkeit Gottes*
*Psalm 104: Ein Schöpfungspsalm*
*Psalm 119: Ein Lobpsalm auf die Herrlichkeit des Wortes Gottes*

Kernstellen:
HERR, wie lange willst du mich so ganz vergessen? Wie lange
verbirgst du dein Antlitz vor mir? Ps 13,2
Als ich den HERRN suchte, antwortete er mir und errettete
mich aus aller meiner Furcht. Ps 34,5
Lobe den HERRN, meine Seele, und was in mir ist, seinen
heiligen Namen! Lobe den HERRN, meine Seele, und vergiss
nicht, was er dir Gutes getan hat. Ps 103,1.2
Erforsche mich, Gott, und erkenne mein Herz; prüfe mich
und erkenne, wie ich's meine. Und sieh, ob ich auf bösem Wege bin, und leite mich auf ewigem Wege. Ps 139,23.24

## Die Sprüche Salomos

# »Die Furcht des HERRN führt zum Leben.«
### (Spr 19,23)

In den Spruchweisheiten des Alten Testaments geht es nicht um
die Heilsgeschichte, nicht um Gottes Handeln im Leben des Volkes Israel, sondern ganz schlicht um die Bewährung des Einzelnen im Alltag, um das, was man ein anständiges, ein sinnvolles,
ein lebenswertes Leben nennt. Die »Sprüche« der Weisen wollen
unterweisen, sie wollen Orientierung geben und erziehen.
Holzschnittartig wird in groben Strichen herausgearbeitet, welches Leben sich lohnt und welches dem Untergang geweiht ist.

52

Dabei arbeiten die Weisheitslehrer mit Gegenüberstellungen. Der Gerechte steht dem Gottlosen gegenüber, der Weise dem Tor, der Fleißige dem Faulen.

Welches Ideal wird hier angestrebt? Wie sieht der Mensch aus, auf den hin die Weisen erziehen wollen? Was für Menschen haben sie vor Augen? Es sind Menschen, mit denen man gerne befreundet wäre, Menschen, zu denen man aufschauen kann.

Die Weisen und Gerechten, wie diese Menschen genannt werden, sind besonnen und geduldig, beherrscht und klug. Mit Fleiß arbeiten sie sich empor, ohne raffgierig zu sein. Jähzorn, unbedachtes Reden, vor allem auch die Lüge und Verleumdung, Bestechung und Ungerechtigkeit sind ihnen fremd. Sie gehen auch keine Bürgschaften ein. Das hat nach Meinung der Weisen noch niemals gut getan.

Statt andere zum Zorn zu reizen, ihre Verfehlungen öffentlich zu machen, decken die Gerechten die Schwächen anderer zu. Sie üben Freundschaft, finden zur rechten Zeit das richtige Wort, gehen an der Not der Mitmenschen nicht vorüber, sondern setzen alles daran, dass jeder zu seinem Recht kommt.

Wer dieses Ziel erreicht, das die Weisen Israels ihren Hörern und Lesern vor Augen stellen, der hat das Leben gewonnen, dessen Leben ist vom Segen begleitet, der ist für seine nähere und weitere Umgebung eine Wohltat. Gemeinschaften blühen, Städte kommen empor, wo Weise und Gerechte das Sagen haben. Wohingegen die Narren und Toren, die Faulen und Spötter sich und andere zugrunde richten.

Wie wird man ein weiser und gerechter Mensch? Viel kann man sich abgucken. Zurechtweisung und Ermahnung Älterer und guter Freunde tun ein Übriges. Aber die eigentliche Quelle der Weisheit, die eigentliche Quelle für ein gelingendes Leben ist die Gottesfurcht, die Achtung der göttlichen Gebote, das Bewusstsein, unter Gottes Augen und in Verantwortung vor ihm zu leben. Die »Furcht des HERRN«, sie ist es, die zum wahren Leben führt.

## Lesetipps:

*Kap. 10-12: Von Weisen und Toren, von Gottlosen und Gerechten*

*Kap. 31,10-30: Lob der tüchtigen Hausfrau*

> Kernstellen:
>
> Die Furcht des HERRN ist der Anfang der Erkenntnis. Die Toren verachten Weisheit und Zucht. Spr 1,7
>
> Hass erregt Hader; aber Liebe deckt alle Übertretungen zu. Spr 10,12
>
> Ein hörendes Ohr und ein sehendes Auge, die macht beide der HERR. Spr 20,12

## Der Prediger Salomo (Kohelet)

# »Es ist alles ganz eitel.«
## (Pred 1,2)

Das Buch Kohelet ist das Buch eines sehr nachdenklichen und nüchternen Menschen. Die Frage, die ihn bewegt, ist die Frage, die auch uns umtreibt: Was hat dieses Leben überhaupt für einen Sinn? Wozu lebe ich? Was ist der Lohn für all die Mühe, die das Leben mir abverlangt?

Der Prediger hat viel gesehen und erfahren. Er hat die verschiedensten Lebensprogramme beobachtet. Und er kommt zu einem erschütternden Ergebnis: »Es war alles eitel und Haschen nach Wind.« (Pred 1,14) Tage kommen und gehen, doch es geschieht nichts wirklich Neues unter der Sonne. Immer wieder die alten Enttäuschungen. Tränen werden geweint, und kein Tröster ist zu finden. Menschen mühen sich um Gerechtigkeit, und doch geht es ihnen schlecht, während Ungerechte im Wohlstand leben. Wieder andere mühen sich um Weisheit, wollen verständig leben, aber die Unvernünftigen scheinen es besser zu haben als sie. Vor allem aber ist da der große Gleichmacher, der Tod. Er ist es, der alles menschliche Tun, alles Mühen um einen Erfolg, einen Sinn radikal in Frage stellt. Wenn doch alles im Tode endet, wozu lebe ich dann eigentlich? Und wo finde ich in diesem begrenzten und bedrohten Leben das Glück?

Die Antwort des Predigers auf diese Frage berührt zuerst etwas merkwürdig. Immer wieder klingt sie auf, verstreut über das ganze Buch. »Ist's nun nicht besser für den Menschen, dass er esse und trinke und seine Seele guter Dinge sei bei seinem Mühen?«, so fragt er. Und an einer Stelle fügt er hinzu: »Genieße das Leben mit deiner Frau, die du lieb hast, solange du das eitle Leben hast.« Reicht das, so fragen wir, gut essen und trinken und sich an seinem Partner freuen, ist das das Glück, liegt hier der Sinn des Lebens? Der Prediger hat das so gesehen. Sei nicht so unbescheiden, mahnt er uns, sieh hin, was dir das Leben mitten in deinem mühevollen Alltag schenkt, nimm es dankbar an und freue dich daran.

Und Gott? Ja doch, er kommt im Buch des Predigers auch vor, mehr als einmal. Gott ist für ihn in vieler Hinsicht rätselvoll und unergründlich. Er bestimmt Freud und Leid in unserem Leben, und es hat keinen Sinn, sich dagegen aufzulehnen. Aber das ist für den Prediger dann doch bleibend klar: Gott meint es gut mit seinen Menschen. Er hat ihnen die Ewigkeit, den Sinn für Gott, ins Herz gelegt. Und er ist es, der uns in unseren Mühen die Freude am Partner, die Freude an Essen und Trinken und einen guten Mut schenkt. Ohne Gottes Schenken geht gar nichts. Aber wer Gott fürchtet, auf ihn vertraut, erfährt mitten im Alltag die Freude, die er gibt, und sei es bei einem guten Essen.

## Lesetipps:

*Kap. 1,1-11: Es ist alles ganz eitel*
*Kap. 3,1-15: Es hat alles seine Zeit*
*Kap. 7,1-12: Von der wahren Weisheit*
*Kap. 12,1-8: Die Last des Alters und die Endgültigkeit des Todes*

Kernstellen:
Ist's nun nicht besser für den Menschen, dass er esse und trinke und seine Seele guter Dinge sei bei seinem Mühen? Doch dies sah ich auch, dass es von Gottes Hand kommt.

Pred 2,24

Er hat alles schön gemacht zu seiner Zeit, auch hat er die Ewigkeit in ihr Herz gelegt; nur dass der Mensch nicht ergründen kann das Werk, das Gott tut, weder Anfang noch Ende.

Pred 3,11

Genieße das Leben mit deiner Frau, die du lieb hast, solange du das eitle Leben hast, das dir Gott unter der Sonne gegeben hat; denn das ist dein Teil am Leben und bei deiner Mühe, mit der du dich mühst unter der Sonne.

Pred 9,9

## Das Hohelied Salomos

# »Siehe, meine Freundin, du bist schön.«
### (Hld 1,15)

Auf den ersten Blick mag man sich darüber wundern, wie dieses Buch in die Bibel gekommen ist. Das Buch enthält keinerlei Hinweis auf Gottes Heilsgeschichte. Es ist vielmehr eine Sammlung sehr zarter, sehr poetischer und sehr offener Liebesgedichte.

Verliebte junge Menschen sprechen von ihrem Freund, ihrer Freundin. Sie beschreiben die Schönheit des anderen, sie sprechen von der Sehnsucht nach dem oder der Geliebten, klagen über die gegenwärtige Trennung und die Schwierigkeit, in der Nähe des Partners zu sein. Sie handeln vom Finden und Verlieren des geliebten Menschen, und sie besingen die Freude des Zusammenseins.

Von Lilien unter Dornen ist die Rede, von Äpfeln und Trauben-
kuchen, von Weinbergen und dem Feigenbaum. Das alles sind
Bilder für den geliebten Partner, für die Liebe.

Wunderbar, wie ein junger Mann die Schönheit seiner Freundin
besingt, ihre Augen mit Taubenaugen vergleicht, ihre Haare mit
einer Herde von Ziegen, die vom Gebirge Gilead herabsteigen,
ihre weißen Zähne mit geschorenen Schafen und ihre Brüste mit
den Rücken von Gazellen, die über dem hohen Gras sichtbar
sind.

Da sind Sätze, die man nicht mehr vergisst: »Lege mich wie ein
Siegel auf dein Herz ... Denn Liebe ist stark wie der Tod.« Oder
auch: »Du hast mir das Herz genommen mit einem einzigen
Blick.« Und immer wieder die Bitte: »Ich beschwöre euch, ihr
Töchter Jerusalems, dass ihr die Liebe nicht aufweckt und nicht
stört, bis es ihr selbst gefällt.« (Hld 2,7) Hier geht es um die zärt-
liche Gemeinschaft der Liebenden und die Bitte an alle anderen,
sie nicht zu stören.

Welche Bedeutung haben diese Liebeslieder mitten in der Bibel?
Vor allem die eine: Sie weisen darauf hin, dass die Liebe zwischen
Mann und Frau ein Geschenk Gottes ist. »Es ist nicht gut, dass der
Mensch allein sei, ich will ihm ein Gegenüber schaffen, das ihm entspricht« (1. Mose 1,18), so heißt es, wörtlich übersetzt, im Schöpfungsbericht. Die Lieder des Hohenlieds feiern diese Entsprechung
von Mann und Frau, besingen die Schönheit des Gottesgeschenkes,
so wie manche Psalmen die Schönheit der Natur besingen.

Vielen Auslegern war das nicht genug. Weil das Verhältnis Gottes
zu seinem Volk beim Propheten Hosea als eine Ehe beschrieben
wird und der Epheserbrief von der Ehe auf das Verhältnis von
Christus und der Kirche schließt, sah man im Hohenlied auch
Aussagen über die Liebe Gottes zu seinem Volk und über die Liebe des Menschen zu Gott. Eine solche Auslegung ist nur dann zu-
lässig, wenn sie nicht aus den Augen verliert, dass das Hohelied
von seinem Ursprung her die Liebe zwischen Mann und Frau besingt.

## Lesetipps:

*Kap. 4,1-7: Du bist schön, meine Freundin*
*Kap. 5,8-6,3: Mein Freund*

---

Kernstellen:

Du hast mir das Herz genommen, meine Schwester, liebe Braut, du hast mir das Herz genommen mit einem einzigen Blick deiner Augen, mit einer einzigen Kette an deinem Hals.

Hld 4,9

Lege mich wie ein Siegel auf dein Herz, wie ein Siegel auf deinen Arm. Denn Liebe ist stark wie der Tod und Leidenschaft unwiderstehlich wie das Totenreich. Hld 8,6

---

## Die Bücher Hiob, Sprüche Salomos, Prediger Salomo und Hoheslied Salomos

Diese Bücher kann man unter dem Begriff der »Weisheitsliteratur« in Israel zusammenfassen. Sie handeln nicht von der Geschichte Gottes mit seinem Volk, sondern vom Leben des Frommen, des Glaubenden in der Welt. Geht es im Hiobbuch ausschließlich um die Frage des Leidens trotz Frömmigkeit und unsträflichen Lebenswandels, so fragen die Sprüche und der Prediger nach einem »weisen«, einem frommen und Gott wohlgefälligen Leben in der Welt. Glaubenserkenntnisse und Lebenserfahrungen werden hier zusammengestellt.

Da König Salomo in der Bibel als ein Weiser geschildert wird, ist in den Überschriften der Sprüche und des Predigers sein Name erwähnt. Auch die Sammlung von Liebesgedichten in der Bibel, das Hohelied, trägt in der Überschrift den Namen Salomos.

Die Tradition der »Weisheit« reicht in Israel von der Zeit Salomos bis in die nachexilische Zeit. Eine genaue Datierung der einzelnen Bücher ist nicht möglich.

## Der Prophet Jesaja (Jesaja 1 – 39)

# »Verschwört euch mit dem HERRN Zebaoth!«
## (Jes 8,13)

Es war eine politisch bewegte Zeit, in der Jesaja im Auftrag Gottes in Jerusalem auftrat. Das große Weltreich Assur bedrohte das kleine Israel. Und Nachbarvölker bedrängten die Führenden, sich doch mit ihnen zu verschwören, um der Weltmacht Assur standzuhalten und die Eigenexistenz zu sichern. Es ging buchstäblich um Sein oder Nichtsein, um die eigene Existenz und um die des Volkes. Von welcher Seite war Hilfe zu erwarten? Die Antwort Jesajas ist eindeutig: Helfen, retten, Geborgenheit geben kann nur einer, der »HERR Zebaoth«, der »Heilige in Israel«.

Ihn, den wahren Herrn und Retter, hatte man aus den Augen verloren, ihn hatte man verlassen. Die Menschen meinten, selbst klug zu sein, aus eigener Kraft ihr Leben sichern zu können. Doch wo das geschieht, bleiben die Schwächeren auf der Strecke, siegt die Ungerechtigkeit, ist jeder nur noch sich selbst der Nächste. Scharf geht der Prophet mit dem Volk, vor allem mit den Führenden, ins Gericht. Die Aufkündigung des Gehorsams gegen Gott wird nicht ohne Folgen bleiben. Die staatliche Ordnung wird zerbrechen, Juda und Jerusalem werden ihre Selbständigkeit verlieren und die Menschen aus ihrer Heimat vertrieben werden. So kündigt er es an.

Doch noch ist es nicht zu spät. Noch kann das Volk etwas tun: »Hin zur Offenbarung!« ruft Jesaja (Jes 8,20). Seht auf das Werk des HERRN! Verschwört euch mit dem HERRN Zebaoth, setzt euer Vertrauen und eure Hoffnung auf ihn allein!

Das wird natürlich seine Auswirkung im alltäglichen Verhalten des Einzelnen haben. Doch Jesaja geht es nicht zuerst um ethische Anweisungen. Er setzt eine Stufe tiefer an: Es geht um das Verhältnis zu Gott, um das Vertrauen auf ihn, um die ungeteilte Zuwendung zu ihm allein.

Jesaja ist aber nicht nur Gerichtsprophet und Mahner. Er weiß, dass das letzte Wort Gottes immer seine Liebe und Barmherzigkeit ist. Deshalb ist seine Botschaft durchzogen von Heilszusagen. Gott wird die Sünde in seinem Volk tilgen, die Bedränger werden verschwinden, ein Friedefürst wird es hell werden lassen in Israel. Der Geist aus der Höhe wird die Herzen des verstockten Volkes wandeln.

Bewegen sich diese Heilszusagen noch im Rahmen dieser Welt und Wirklichkeit, so greift der Prophet an einigen Stellen weit darüber hinaus. Gott wird den Tod verschlingen auf ewig. »Deine Toten werden leben, deine Leichname werden auferstehen« (Jes 26,19), so jubelt er. Damit wird er zu einem Osterzeugen mitten im Alten Testament.

## Lesetipps:

*Kap. 1,2-20: Gott klagt sein ungehorsames Volk an*

*Kap. 5,1-7: Das Lied vom unfruchtbaren Weinberg*

*Kap. 6, 1-13: Jesaja wird zum Propheten berufen*

*Kap. 8,5-8: Die Ankündigung des Gerichts*

*Kap. 8,23-9,6: Der verheißene Friedefürst*

*Kap. 12,1-6: Das Danklied der Erlösten*

*Kap. 35: Das zukünftige Heil*

Kernstellen:

Weh denen, die Böses gut und Gutes böse nennen, die aus Finsternis Licht und aus Licht Finsternis machen, die aus sauer süß und aus süß sauer machen!                Jes 5,20

Es wird nicht dunkel bleiben über denen, die in Angst sind. Das Volk, das im Finstern wandelt, sieht ein großes Licht, und über denen, die da wohnen im finstern Lande, scheint es hell.                Jes 8,23;9,1

Die Erlösten des HERRN werden wiederkommen und nach

60

Zion kommen mit Jauchzen; ewige Freude wird über ihrem Haupte sein; Freude und Wonne werden sie ergreifen, und Schmerz und Seufzen wird entfliehen.                    Jes 35,10

## Der zweite Jesaja (Jesaja 40-55)

# »Tröstet, tröstet mein Volk!«
## (Jes 40,1)

Das war es, was die Israeliten im babylonischen Exil am allernötigsten brauchten: Trost, Trost und noch einmal Trost. Aus der Heimat vertrieben, fern vom Tempel, fern von Gott. Und immerzu der niederschmetternde Gedanke: Wir haben's ja nicht anders verdient. Es ist unsere Schuld, unsere Sünde, die dieses furchtbare Strafgericht über uns heraufbeschworen hat. Gott hat die Babylonier um unseres Ungehorsams willen über uns kommen lassen. Wir sind für immer verloren.

Doch da geht auf einmal dieser Prophet mitten durch die jüdischen Siedlungen in Babylon und ruft: »Tröstet, tröstet mein Volk, spricht euer Gott. Redet mit Jerusalem freundlich!« Die Zeit des Gerichts, die Zeit der Strafe ist vorbei. Das Frühere ist abgetan und vergangen, es lohnt nicht mehr, auch nur einen Gedanken darüber zu verlieren. Nein, nach vorne gilt es zu schauen! Gott wird Unbegreifliches vollbringen. Der Perserkönig Kyrus wird im Auftrag Gottes die Babylonier besiegen, und Israel, Gottes geliebtes Volk, wird im Triumphzug durch die Wüste nach Hause ziehen. Gott ruft sein Volk in die Freiheit. Er, der die Welt geschaffen hat, er, der allein wahre Gott, wird um seiner Ehre willen sich seines Eigentumsvolkes wieder erbarmen. Es kann gar nicht anders sein: Gott wird sein Volk erlösen.

Merkwürdig eingestreut in diese überschwängliche Freudenbotschaft ist eine Reihe von Liedern, die von einem »Gottesknecht« handeln. Gott öffnet ihm das Ohr. Er redet, wie Jünger reden. Er versteht es, zu trösten, zu ermuntern, mit den Müden zur rechten Zeit zu reden. Doch hat er es nicht leicht. Da sind Menschen, vielleicht Babylonier, vielleicht Leute aus dem eigenen Volk, die ihn schlagen, die ihn am Bart ziehen, die ihm mitten ins Gesicht spucken. Ja, es wird immer schlimmer für ihn. Unansehnlich wird er, krank, voller Schmerzen, wie von Gott gestraft. Bis plötzlich Menschen anfangen zu begreifen: Dieser Gottesknecht leidet stellvertretend für uns. »Die Strafe liegt auf ihm, auf dass wir Frieden hätten, und durch seine Wunden sind wir geheilt.«

Wer ist dieser Gottesknecht? Ist es der Prophet selbst? Ist es eine Gestalt der Zukunft, auf die der Prophet wartet? Die ersten Christen und mit ihnen die ganze Christenheit erkennen in diesem Gottesknecht Jesus Christus, den Herrn, der um unserer Sünde willen zerschlagen wurde und aus der Knechtschaft der Sünde und Gottesferne in die herrliche Freiheit der Kinder Gottes führt. Das ist unser »einziger Trost im Leben und im Sterben«.

## Lesetipps:

*Kap. 40, 1-11: Gott tröstet sein Volk*

*Kap. 40, 12-31: Israels Gott ist unvergleichlich*

*Kap. 43, 1-7: Gott erlöst sein Volk*

*Kap. 45, 1-7: König Kyrus als Gottes Werkzeug*

*Kap. 52, 13-53, 12: Das Lied vom leidenden Gottesknecht*

*Kap. 54, 6-10: Die neue Gnadenzeit*

---

Kernstellen:

Das geknickte Rohr wird er nicht zerbrechen, und den glimmenden Docht wird er nicht auslöschen.　　　　　　Jes 42,3

Fürchte dich nicht, denn ich habe dich erlöst; ich habe dich bei deinem Namen gerufen; du bist mein!　　　　　　Jes 43,1

Ich bin der Erste und ich bin der Letzte, und außer mir ist kein Gott.　　　　　　Jes 44,6

> Fürwahr, er trug unsre Krankheit und lud auf sich unsre Schmerzen. Wir aber hielten ihn für den, der geplagt und von Gott geschlagen und gemartert wäre. Aber er ist um unsrer Missetat willen verwundet und um unsrer Sünde willen zerschlagen. Die Strafe liegt auf ihm, auf dass wir Frieden hätten, und durch seine Wunden sind wir geheilt.  **Jes 53,4.5**

## Jesaja 56 – 66

# »Mache dich auf, werde licht!«
## (Jes 60,1)

Sie hatten es sich anders vorgestellt, die Israeliten, die voller Hoffnung aus der Babylonischen Gefangenschaft in die Heimat zurückgekehrt waren. Hatte es nicht geheißen, Gott würde alles neu machen? Aber nun saßen sie in Jerusalem, und es schien nicht viel neu geworden zu sein. Vor allem das eigene Herz war offensichtlich das alte geblieben, voller Egoismus und Rücksichtslosigkeit.

Doch Gott lässt sein Volk nicht los. Er schickt ihm aufs Neue einen Propheten, den wir den dritten Jesaja nennen, weil seine Botschaft im dritten Teil des Jesajabuches steht. Die Botschaft dieses Propheten ist klar und eindeutig. Gott hat erneut Klage gegen sein Volk: Die »Hirten« taugen nichts, das Volk fürchtet Gott nicht, der Nächste wird bedrängt, die Sabbate werden nicht eingehalten und die Gottesdienste als lästige Pflicht betrachtet.

Doch Gott bleibt dabei: Recht muss gewahrt, Gerechtigkeit geübt und sein Wort befolgt werden. Gott lässt nicht mit sich spaßen. Er vergilt nach den Taten der Menschen und liefert die Abtrünnigen dem verdienten Gericht aus.

Aber noch ist es nicht zu spät. Über allem steht der dringende

Aufruf, sich Gott aufs Neue zuzuwenden, die Sünde zu lassen und sich ihm ganz anzuvertrauen. Denn das Heil, von dem schon der zweite Jesaja (Jes 40-55) so eindringlich zu reden wusste, es ist nicht von Gott vergessen. »Mache dich auf, werde licht; denn dein Licht kommt, und die Herrlichkeit des Herrn geht auf über dir«, so ruft der Prophet. Gott kommt. Er kommt als Erlöser für alle, die sich von der Sünde abwenden. Sein ewiges Licht wird die Dunkelheit besiegen. Und je mehr der Prophet von dem kommenden Heil redet, desto umfassender werden seine Verheißungen. Der Herr wird das Licht seines Volkes sein, und die Heiden werden zu diesem Licht ziehen. Ja, Gott wird einen neuen Himmel und eine neue Erde schaffen, in der die Feindschaft ausgerottet sein wird. Friede wird sich wie ein Strom über die Welt ergießen. Selbst das Tierreich ist davon nicht ausgenommen: Wolf und Schaf werden friedlich miteinander weiden.

Ist das alles nur Verkündigung der Vergangenheit? Wer sich der Botschaft dieses Propheten öffnet, wird gerade heute bei ihm Wort um Wort finden, das in unsere persönliche Situation trifft, uns mahnt und warnt, Orientierung gibt und eine unzerstörbare Hoffnung. »Ich will euch trösten, wie einen seine Mutter tröstet« (Jes 66,13), mit dieser Verheißung dürfen wir leben. Sie will schon jetzt immer wieder wahr werden, um sich dann in Gottes ewigem Reich zu vollenden.

## Lesetipps:

*Kap. 59: Die Sünde des Volkes und Gottes Erlösung*
*Kap. 60: Gott kommt zu seinem Volk*
*Kap. 65,17-25: Ein neuer Himmel und eine neue Erde werden verheißen*

Kernstellen:
Ich wohne in der Höhe und im Heiligtum und bei denen, die zerschlagenen und demütigen Geistes sind.          Jes 57,15
Finsternis bedeckt das Erdreich und Dunkel die Völker; aber

über dir geht auf der HERR, und seine Herrlichkeit erscheint über dir.

Jes 60,2

Darum ward er ihr Heiland in aller ihrer Not. Nicht ein Engel und nicht ein Bote, sondern sein Angesicht half ihnen. Er erlöste sie, weil er sie liebte und Erbarmen mit ihnen hatte. Er nahm sie auf und trug sie allezeit von alters her.

Jes 63,8.9

Siehe, ich will einen neuen Himmel und eine neue Erde schaffen, dass man der vorigen nicht mehr gedenken wird.

Jes 65,17

## Der Prophet Jeremia und die Klagelieder Jeremias

# »Dein Wort ward meine Speise.«
## (Jer 15,16)

»Prophet wider Willen«, so nennt ein Ausleger den Propheten Jeremia. Und er hat Recht damit. Jeremia hat Zeit seines Lebens die Berufung durch Gott zum Gerichtspropheten als eine schwere Last empfunden. Immer und immer wieder musste er dem Volk seine Schuld vorhalten: unsoziales Verhalten, Abgötterei und die trügerische Sicherheit, als könnte Israel kein Unheil geschehen, weil doch der Tempel Gottes in seiner Mitte stand. Und immer und immer wieder war Jeremia genötigt, das bevorstehende Strafgericht anzukündigen, die Eroberung und Zerstörung Judäas und Jerusalems durch die Streitmacht der Babylonier. Diese Botschaft machte den Propheten einsam, trug ihm Hass und Verachtung und schließlich auch noch die Verfolgung durch die Herrschenden ein.

Oft hat sich Jeremia gegen sein schweres Amt aufgelehnt, Gott angeschrien und angeklagt. Aber noch während er sich aufbäumte, musste er im gleichen Atemzug bekennen: »Dein Wort ward meine Speise, sooft ich's empfing, und dein Wort ist meines Herzens Freude und Trost; denn ich bin ja nach deinem Namen genannt, HERR, Gott Zebaoth.«

Trotz aller Mahnungen und Bußrufe nimmt das Gericht unerbittlich seinen Lauf. Judäa und Jerusalem werden erobert, die Führenden in die Gefangenschaft geführt.

Jeremia, der immer für ein gehorsames Annehmen des Gerichtes Gottes gewesen war und geraten hatte, sich freiwillig den Babyloniern zu ergeben, hätte es bei den Siegern gut gehabt. Doch er bleibt bei der Restbevölkerung des Landes, muss die Ermordung des Hoffnungsträgers Gedalja miterleben und wird schließlich von seinen Volksgenossen nach Ägypten verschleppt. Auch dort warnt er wieder vor der Verehrung fremder Götter. Doch dann hören wir nichts mehr von ihm. Seine Spur verliert sich.

Unverlierbar aber bleibt, was Jeremia *auch* zu verkündigen hatte: Das Gericht Gottes über unsere Schuld ist nicht sein einziges und letztes Wort. Gott wird einen neuen Bund schließen und sein Gesetz in die Herzen der Menschen schreiben. Das letzte Wort hat die Gnade.

Die sogenannten »Klagelieder Jeremias« wurden nach der Zerstörung Jerusalems und des Tempels gedichtet. Sie rufen angesichts des erfahrenen Zornes Gottes zur Buße. Diejenigen, die sie singen, bekennen: Das Gericht Gottes hat uns zu Recht getroffen. Doch sie wissen auch, dass Gottes Barmherzigkeit trotz Strafe und Gericht kein Ende hat. Sie ist alle Morgen neu, und seine Treue ist groß.

## Lesetipps:

*Kap. 1,4-19: Die Berufung Jeremias*

*Kap. 2,1-13: Das Volk hat Gott verlassen*

*Kap. 6,1-15: Israel hat Gottes Gericht verdient*

*Kap. 15,10. 15-20: Jeremia klagt über sein Amt; Gott antwortet ihm*

*Kap. 18,1-12: Das Gleichnis vom Töpfer*
*Kap. 29,1-14: Jeremia schreibt an die Verbannten in Babel*
*Kap. 31, 31-34: Gott verheißt Israel einen neuen Bund*

Kernstellen:
Bessert euer Leben und euer Tun, so will ich bei euch wohnen
an diesem Ort. Jer 7,3
Dein Wort ist meines Herzens Freude und Trost; denn ich bin
ja nach deinem Namen genannt, HERR, Gott Zebaoth.
Jer 15,16
Wenn ihr mich von ganzem Herzen suchen werdet, so will ich
mich von euch finden lassen, spricht der HERR. Jer 29,13
Die Güte des HERRN ist's, dass wir nicht gar aus sind, seine
Barmherzigkeit hat noch kein Ende, sondern sie ist alle Morgen neu, und deine Treue ist groß. Klgl 3,22.23

## Der Prophet Hesekiel (Ezechiel)

# »Ich habe dich zum Wächter gesetzt über das Haus Israel.«
## (Hes 3,17)

Hoch aufragend wie die Mauern einer uneinnehmbaren Burg – so
erscheinen die Worte dieses Propheten für uns heutige Leser. Man
muss schon geduldig nach verborgenen Toren in diesen Mauern
suchen, um einen Zugang zu diesem biblischen Buch zu finden.
Soviel ist immerhin klar: Der Priestersohn Hesekiel ist bei einem
ersten Ansturm der Babylonier auf Jerusalem im Jahre 597 v. Chr.
nach Babylon in Gefangenschaft geraten. Dort, im fremden, »un-

reinen« Land erscheint ihm die Herrlichkeit Gottes, wird er zum Propheten, Gerichtsankündiger, Mahner und »Wächter« für das Volk berufen. Denn Israel hat die Ehre Gottes verletzt, seine Herrlichkeit geschändet. Nicht erst jetzt. Ausführliche Geschichtsrückblicke zeigen, dass das Volk seinem Gott wieder und wieder den Gehorsam versagt hat. Darum ist das Gericht, die endgültige Zerstörung Jerusalems, unausweichlich. In zahlreichen Gerichtsworten, unterstützt von Zeichenhandlungen, macht Hesekiel das den Verbannten deutlich.

Als dann im fernen Babylon die Nachricht vom Fall Jerusalems eintrifft, bedeutet das für Hesekiel zweierlei. Als erstes: Gott steht zu seinem Wort. Hesekiel hat Recht gehabt mit der Verkündigung des Untergangs Jerusalems. Doch eben mit diesem Untergang wandelt sich die Botschaft des Propheten. Wo bisher immer nur von Unheil und Strafgericht die Rede war, wird nun von Gottes Erbarmen und seinem zukünftigen Heil gesprochen. Gott erweist seine Herrlichkeit in Gericht *und* Gnade.

Das letzte Wort hat sein Heil: Gott wird das Verlorene suchen und das Verirrte zurückbringen. Er wird seinem Volk ein neues Herz und einen neuen Geist geben. Mag Israel nach der inneren und äußeren Katastrophe auch einem Totenfeld voller Totengebeine gleichen: Gottes Odem, sein Geist wird es wieder lebendig machen.

Das Buch schließt mit einer großen Vision der künftigen Gottesstadt. Die umständliche Beschreibung des neuen Jerusalems will nichts anderes, als deutlich machen, dass in der zukünftigen Heilszeit Gottes Stadt und Heiligtum von aller sündigen Verunreinigung bewahrt bleiben wird. Gottes Herrlichkeit, die wegen des Götzendiensts Israels das Heiligtum verlassen hatte, wird wieder zurückkehren. Und ein Strom, der im Tempel entspringt, wird Gottes Heil ins Land hineintragen.

»Und alsdann soll die Stadt genannt werden 'Hier ist der HERR'.« (Hes 48,35) So schließt das Prophetenbuch und weckt auch in uns, den Gliedern des neuen Gottesvolkes, die Sehnsucht nach der Zeit, wo Gottes Herrlichkeit alles erfüllen und Gott alles in allem sein wird.

## Lesetipps:

*Kap. 2,1-3,21: Hesekiel wird berufen und zum Wächter über Israel bestellt*

*Kap. 7: Das kommende Gericht über alle Schuld wird angekündigt*

*Kap. 18: Gott will, dass der Gottlose sich bekehrt und lebt*

*Kap. 34: Gott wird sich seiner Herde selbst annehmen*

*Kap. 36,16-38: Gottes Geist wird Israel erneuern*

*Kap. 47,1-12: Der Heilsstrom aus dem Tempel des zukünftigen Jerusalem*

Kernstellen:

**Meinst du, dass ich Gefallen habe am Tode des Gottlosen, spricht Gott der HERR, und nicht vielmehr daran, dass er sich bekehrt von seinen Wegen und am Leben bleibt?**

Hes 18,23

**Ich will das Verlorene wieder suchen und das Verirrte zurückbringen und das Verwundete verbinden und das Schwache stärken.** Hes 34,16

**Ich will euch ein neues Herz und einen neuen Geist in euch geben und will das steinerne Herz aus eurem Fleisch wegnehmen und euch ein fleischernes Herz geben.** Hes 36,26

## Der Prophet Daniel

# »Sein Reich ist unvergänglich.«
## (Dan 6,27)

Es ist die Zeit der Babylonischen Gefangenschaft. Drei junge jüdische Männer wachsen am Königshof in Babel auf und werden zu königlichen Beratern erzogen. Einer von ihnen heißt Daniel.
Trotz der fremden, heidnischen Umgebung hält Daniel fest am Gott Israels und lässt sich durch nichts davon abbringen, ihn anzurufen und auf seine Bewahrung zu hoffen. Und er wird nicht enttäuscht. Selbst hungrige Löwen können ihm nichts anhaben. Gott lohnt die Glaubenstreue seines Dieners und bewahrt ihn in der Gefahr.
Daniel ist aber mehr als nur ein treuer Diener Gottes. Er ist von Gott damit begabt, Träume zu deuten und Visionen zu schauen. Zum ersten Mal ist Daniels Begabung gefragt, als der König Nebukadnezar einen Traum hat, den er nicht deuten kann. Er träumt von einem hohen Standbild, das aus verschiedenem Material besteht und von einem herunterkommenden Stein zermalmt wird. Das Standbild, so deutet Daniel den Traum, steht für verschiedene Weltreiche, die alle vergehen werden, um dem Reich Gottes Platz zu machen, das nicht mehr zerstört werden wird.
Ganz ähnlich ist auch die Thematik der Visionen Daniels, von denen der zweite Teil des Buches handelt. Diesmal ist von gefräßigen Tieren die Rede, die aus dem Meer aufsteigen und weltweit Schrecken verbreiten. Auch hier handelt es sich wieder um Mächte, die sich in der Weltgeschichte ablösen. Aber sie werden nicht das letzte Wort behalten. Das letzte Wort hat Gott selbst. Er wird am Ende Gericht halten und die Macht einem Herrscher übergeben, der »mit den Wolken des Himmels« kommt und »wie eines Menschen Sohn« aussieht (Dan 7,13). Dem müssen

alle Völker dienen. Seine Macht ist ewig und sein Reich hat kein Ende.

Die Gemeinde des Neuen Testaments hat diesen »Menschensohn« auf den wiederkommenden Jesus gedeutet, und das mit Recht. Denn Jesus selbst hat diesen Titel auf sich bezogen und für sich beansprucht.

So also lässt sich die Botschaft des Danielbuches zusammenfassen: Das letzte Wort der Weltgeschichte hat Gott selbst. Sein ewiges Friedensreich wird alle anderen Reiche ablösen. Es lohnt sich, ihm zu vertrauen und in aller Not und Gefahr unerschütterlich an ihm festzuhalten. Denn sein »ist das Reich und die Kraft und die Herrlichkeit in Ewigkeit« (Mt 6,13b).

## Lesetipps:

*Kap. 1: Daniel am babylonischen Hof*
*Kap. 2: Nebukadnezars Traum und Daniels Deutung*
*Kap. 6: Daniel in der Löwengrube*
*Kap. 7: Die Vision von den Tieren und dem Menschensohn*

---

Kernstellen:

Der Gott des Himmels wird ein Reich aufrichten, das nimmermehr zerstört wird. Dan 2,44

Er ist der lebendige Gott, der ewig bleibt, und sein Reich ist unvergänglich, und seine Herrschaft hat kein Ende.

Dan 6,27

Wir liegen vor dir mit unserm Gebet und vertrauen nicht auf unsre Gerechtigkeit, sondern auf deine große Barmherzigkeit. Dan 9,18

Der Prophet Hosea

# »Das Land läuft vom HERRN weg der Hurerei nach.«
## (Hos 1,2)

Auf den ersten Blick ist Hosea ein merkwürdiger Prophet. Eine seiner Lieblingsvokabeln scheint das Wort »huren« oder »Hurerei« gewesen zu sein. Über zwanzigmal kommt es in seinem Buch vor.

Doch Hosea hatte allen Anlass, die Hurerei zum Thema zu machen. Das Volk Israel war mit wehenden Fahnen zu der Fruchtbarkeitsreligion der Kanaanäer und der damit verbundenen Tempelprostitution übergegangen. So ist die Anklage der Hurerei zum Teil wörtlich zu verstehen. Aber in der Hauptsache verwendet Hosea dieses Wort im übertragenen Sinn. Israel hat seinen Gott verlassen, hat sich einen »Baal«, einen anderen Herrn erwählt.

Dabei hatte Gott doch Israel in der Wüste gefunden, hatte es lieb gehabt und großgezogen und sich seiner angenommen. Hosea sieht den Bund, das Verhältnis zwischen Israel und seinem Gott, als ein Eheverhältnis und den Abfall von Gott als Ehebruch, ja als Hurerei.

Den Gott Israels verlassen bedeutet aber nicht nur, sich sexuellen Ausschweifungen hingeben. Auch die Übertretung anderer Gebote wird erwähnt. Lügen, Morden, Stehlen haben überhand genommen, so schilt der Prophet. Die Priester vermitteln keine Gesetzeserkenntnis mehr, und in der Politik wird auch nicht nach Gott gefragt: »Sie machen Könige, aber ohne mich.« (Hos 8,4)

Wo Gottes Erwählung und sein Gebot so vergessen werden, kann nur noch das Gericht kommen. Zwar ruft der Prophet noch zur Umkehr: »Säet Gerechtigkeit, pflüget ein Neues, solange es Zeit ist, den HERRN zu suchen!« (Hos 10,12) Aber das Urteil ist doch schon gesprochen: »Ich werde sie züchtigen nach meinem Willen; Völker sollen gegen sie versammelt werden, wenn ich sie strafen werde wegen ihrer zweifachen Sünde. (Hos 10,10)

Doch das Gericht ist wie bei allen Propheten nicht das letzte Wort Gottes. Besonders ergreifend und beinahe nicht zu fassen ist der Ausruf Gottes: »Ich bin Gott und nicht ein Mensch und bin der Heilige unter dir und will nicht kommen, zu verheeren.«

Gottes Liebe lässt sich durch nichts aufhalten, auch nicht durch Untreue, durch »Hurerei«. Sie wird sich gegen alle Sünde und Ungerechtigkeit der Menschen am Ende triumphal durchsetzen. Trotz des Ehebruchs seiner Menschenkinder macht Gott einen völligen Neuanfang. Er will die »Hure« erneut heiraten: »Ich will mich mit dir verloben für alle Ewigkeit, ich will mich mit dir verloben in Gerechtigkeit und Recht, in Gnade und Barmherzigkeit.« (Hos 2,21) Was für eine unbegreifliche Liebe!

## Lesetipps:

*Kap. 2: Gott klagt über Israels Untreue; doch er wirbt weiter um sein Volk*

*Kap. 11: Gottes brennende Liebe zu Israel verhindert dessen endgültigen Untergang*

*Kap. 14,2-10: Mahnung zur Umkehr und Verheißung neuer Zuwendung Gottes*

Kernstellen:

Ich will mich mit dir verloben für alle Ewigkeit, ich will mich mit dir verloben in Gerechtigkeit und Recht, in Gnade und Barmherzigkeit. Hos 2,21

Ich bin Gott und nicht ein Mensch und bin der Heilige unter dir und will nicht kommen, zu verheeren. Hos 11,9

Die Wege des HERRN sind richtig und die Gerechten wandeln darauf; aber die Übertreter kommen auf ihnen zu Fall.

Hos 14,10

## Der Prophet Joel

# »Nach diesem will ich meinen Geist ausgießen über alles Fleisch.«
### (Joel 3,1)

Gottes Wort ist lebendig. Es sagt nicht immer genau dasselbe zu jeder Zeit. Oft kann die persönliche oder allgemeine Situation dahin führen, dass man plötzlich in einem Bibelbuch etwas entdeckt, was einem vorher gar nicht aufgefallen war. So ist es mir beim Buch des Propheten Joel ergangen.

Gewöhnlich bringt man das Buch Joel mit der Ankündigung der Ausgießung des Heiligen Geistes in Verbindung. Das ist auch völlig richtig. Aber zuvor ist von etwas ganz anderem die Rede, von Naturkatastrophen, Heuschreckenplagen, furchtbarer Dürre. Was mir dabei besonders auffällt, ist das Erbarmen des Propheten mit Pflanzen und Tieren: »O wie seufzt das Vieh! Die Rinder sehen kläglich drein, und die Schafe verschmachten.« – »Die Flamme hat alle Bäume auf dem Felde angezündet. Es schreien auch die wilden Tiere zu dir.« (Joel 1,18-20) Hier ist eine Gesamtschau von Mensch und Natur, deren Entdeckung heute von ganz anderer Seite für sich in Anspruch genommen wird, die jedoch fest in der Bibel verankert ist.

Die damaligen Naturkatastrophen waren vom Menschen noch nicht direkt verursacht. Am heutigen Leiden von Pflanzen und Tieren haben wir Menschen große Mitschuld.

Da trifft der Ruf zu Buße und Umkehr mitten in unser Herz: »Zerreißt eure Herzen und nicht eure Kleider und bekehrt euch zu dem HERRN, eurem Gott! Denn er ist gnädig, barmherzig, geduldig und von großer Güte, und es gereut ihn bald die Strafe.« Was für ein tröstliches Wort, ein Wort, das Hoffnung gibt und hilft, angesichts der schier unlösbaren Umweltprobleme in unserer Zeit nicht den Mut zu verlieren. Es gilt auch für unsere geschlagene Natur und Umwelt: »Fürchte dich nicht, liebes Land, sondern sei fröhlich und getrost; denn der HERR kann auch Gewaltiges tun.« (Joel,2,21)

Gottes Güte und Barmherzigkeit reicht aber über den heutigen Tag, über unsere Lebensgeschichte, über die Geschichte unserer Welt weit hinaus. Am Ende, wenn sein großer Tag kommt, wird zwar Gericht gehalten und Rechenschaft gefordert werden. Doch jeder, der den Namen des Herrn anrufen wird, der wird gerettet werden. Dazu hat uns Gott seinen Geist verheißen und gesandt, dass er uns hilft, in dieser Welt und am großen Tag des Gerichtes zu bestehen. In aller Not und Traurigkeit des täglichen Lebens, sowie in den Schrecken des Letzten Gerichtes, ist unser Gott Zuflucht und Burg, Schutz und Geborgenheit für alle, die sich an ihn wenden.

## Lesetipps:

*Kap. 1: Der Prophet sieht eine Naturkatastrophe als Gericht Gottes*
*Kap. 2, 21-27: Gott sagt sein Heil zu*
*Kap. 3: Gott wird seinen Geist über alles Fleisch ausgießen*

Kernstellen:
Zerreißt eure Herzen und nicht eure Kleider und bekehrt euch zu dem HERRN, eurem Gott! Denn er ist gnädig, barmherzig, geduldig und von großer Güte, und es gereut ihn bald die Strafe.                                           Joel 2,13
Nach diesem will ich meinen Geist ausgießen über alles Fleisch.                                                                 Joel 3,1
Es soll geschehen: Wer des HERRN Namen anrufen wird, der soll errettet werden.                                           Joel 3,5

## Der Prophet Amos

# »Bereite dich, Israel, und begegne deinem Gott!«
## (Am 4,12)

»Da reute es Gott, dass er die Menschen gemacht hatte« (1. Mose 6,6), so heißt es zu Beginn der Sintflutgeschichte. Ein ähnlicher Ton wird auch im Amosbuch angeschlagen. Gott ist entsetzt über die führende Schicht im Volk Israel, die die Armen unterdrückt, sich skrupellos bereichert, bestechlich ist und sich nichts sagen lässt. Das persönliche Wohlergehen, der persönliche Luxus geht über alles. Die Weisung Gottes, der gerade immer auf der Seite der Armen und Unterdrückten steht, ist vergessen und wird beiseite geschoben.

Das hindert die Führenden nicht daran, rauschende Gottesdienste und religiöse Feste zu veranstalten. Aber Gott kann sich von all dem nur noch angeekelt abwenden.

Einige Warnungen sind es noch, die er durch seinen Boten, den Propheten, dem Volk zukommen lässt: Suchet mich, suchet den Herrn, suchet das Gute und nicht das Böse, richtet das Recht bei den Gerichtsverhandlungen wieder auf, vielleicht wird der Herr doch noch gnädig sein.

Doch dieses »Vielleicht« wird nicht mehr zum Zuge kommen. Zu sehr ist die führende Schicht des Volkes dem Gott Israels entfremdet. Die Antwort Gottes kann nur noch lauten: »Bereite dich, Israel, deinem Gott zu begegnen.« Es bleibt nur noch das Gericht. Ein Volk wird gegen Israel aufstehen und das Land bedrängen. Die Städte und Dörfer werden erobert, die Häuser geplündert werden. Auslöschung, Vertilgung, so lautet der Gerichtsspruch Gottes.

Nur an ganz wenigen Stellen leuchtet dann doch noch so etwas wie Zukunftshoffnung jenseits des Gerichts auf. Das Gericht ist zwar verdient und unausweichlich. Aber Gott wird sein Volk nicht ganz vertilgen. Ein Rest wird übrig bleiben. Die zerfallene Hütte Davids soll wieder aufgebaut werden.

Was hat uns heute die Botschaft des Amos zu sagen? Die Anklagen gegen das damalige Israel klingen bedrohlich aktuell: Die Unterdrückung der Armen, jetzt weltweit gesehen, ist unübersehbar. Wo bleiben die entscheidenden Taten, die die Dritte Welt am Wohlstand des reichen Nordens teilhaben lassen? Stehen wir deshalb nun auch unter Gottes Gericht, und ist dieses Gericht unabwendbar? Wir sollten zumindest nicht erstaunt sein, wenn es auch über uns hereinbricht. Deshalb handeln wir, wo wir in unserem Lebensbereich die Möglichkeit dazu haben und bitten wir Gott um seine Gnade, mitten im Gericht und durch das Gericht hindurch!

## Lesetipps:

*Kap. 5: Israel wird angeklagt und zur Umkehr gerufen*
*Kap. 7-8: Mehrere Visionen zeigen dem Propheten das unabwendbare Gericht über Israel*
*Kap. 9,11-15: Gottes Heil für Israel nach dem Gericht*

---

Kernstellen:

Aus allen Geschlechtern auf Erden habe ich allein euch erkannt, darum will ich auch an euch heimsuchen all eure Sünde. Am 3,2

Es ströme aber das Recht wie Wasser und die Gerechtigkeit wie ein nie versiegender Bach. Am 5,24

Siehe, es kommt die Zeit, spricht Gott der HERR, dass ich einen Hunger ins Land schicken werde, nach dem Wort des HERRN, es zu hören. Am 8,11

**Der Prophet Obadja**

# »Wie du getan hast, soll dir wieder geschehen.«
## (Obd 15)

Das wussten die Israeliten, so weit reichte die Erinnerung zurück:
Die Edomiter waren als Nachkommen Esaus ihre Brüder, also als
Volk mit ihnen verwandt. Um so größer war das Entsetzen, als
bei der Eroberung Jerusalems durch die Babylonier die Edomiter
sich sehr unbrüderlich aufführten. Sie holten sich aus der erober-
ten Stadt, was nicht niet- und nagelfest war. Schadenfroh trium-
phierten sie über das Unglück Israels. Kann so etwas gut gehen,
kann Gott das zulassen, dass seinem Eigentumsvolk so übel mit-
gespielt wird? Der Prophet Obadja ist davon überzeugt: Gott ist
gerecht. Er wird die Edomiter nicht ungestraft davonkommen
lassen. »Wie du getan hast, soll dir wieder geschehen, und wie du
verdient hast, so soll es auf deinen Kopf kommen.«
Ist das nicht sehr menschlich gedacht? Dürfen wir wünschen und
erwarten, dass Gott es den Menschen, die uns Unrecht zugefügt
haben, mit gleicher Münze heimzahlt? Wichtig ist, dass Obadja
die Rache Gott überlässt. Vielleicht handelt er anders, als wir es
uns vorstellen. Aber das stimmt, und darauf dürfen wir vertrauen:
Am Ende gibt es keine offenen Rechnungen mehr. Am Ende tri-
umphiert allein Gottes Recht. Da wird niemand mehr Grund zur
Klage oder Anklage haben.

Kernstellen:
Der Hochmut deines Herzens hat dich betrogen, weil du in den Fel-
senklüften wohnst, in deinen hohen Schlössern, und du sprichst
in deinem Herzen: Wer will mich zu Boden stoßen?          Obd 3
Aber auf dem Berge Zion werden Gerettete sein, und er soll heilig sein, und das Haus Jakob soll seine Besitzer besitzen. Obd 17

## Der Prophet Jona

# »Mich sollte nicht jammern Ninive?«
### (Jona 4,11)

Die Geschichte des Propheten Jona ist bekannt. Aber nicht wegen ihrer wichtigen Aussage, die uns gerade heute aufrütteln und zu Herzen gehen will, sondern wegen des großen Fisches, der Jona bei lebendigem Leibe verschlang und unversehrt wieder ausspie.

Doch das ist nicht die Frage des Jonabuches, ob so etwas denn überhaupt möglich ist, dass ein Mensch drei Tage und drei Nächte unversehrt in einem Seeungeheuer zubringen kann, sondern darum geht es: Ob wir immer noch nicht begreifen, dass Gottes Güte und Gnade viel weiter reichen als unser engstirniges und kleinkariertes Denken.

Die Geschichte des Jonabuches ist schnell erzählt: Da ist ein Prophet, der will nicht tun, was Gott von ihm verlangt. Er will der sündigen Stadt Ninive nicht Buße predigen. Nicht weil er Angst davor hat, dass es ihm schlecht gehen könnte. Nein, er hat Angst, dass die Niniviten auf seine Predigt hören, Buße tun und gerettet werden. Heiden dürfen nicht gerettet werden, denkt der Prophet. Nur wer zum Volk Gottes gehört, hat Anspruch auf Gottes Güte und Erbarmen. Jona ist ein Heilsegoist. Er kann sich über seine Rettung nur freuen, wenn andere ins Verderben gehen.

Auf seiner Flucht vor Gott gerät Jona in einen Seesturm, bei dem es sich zeigt, dass die Heiden auf dem Schiff viel frommer sind als der Prophet. Sie rufen ihre Götter an und fordern auch den Propheten zum Gebet auf.

Von der Besatzung schließlich ins Meer geworfen, wird Jona von einem Seeungeheuer, einem riesigen Fisch, verschluckt. Jona im Fischbauch, das ist seitdem zu einem Zeichen geworden, dass Gott auch in den größten Tiefen die Seinen nicht verlässt.

Schließlich in Ninive angekommen, hört die Stadt auf Jonas Buß-predigt. Das Gericht findet nicht statt. Jona aber, der unter einer Staude sitzt, auf den Untergang Ninives wartet und statt dessen erlebt, dass die Staude verwelkt, ist verzweifelt und muss sich von Gott fragen lassen: Wo du schon angesichts einer welkenden Staude verzweifelt bist, sollte ich da nicht Erbarmen mit einer so großen Stadt haben?

Gottes Güte reicht weit über die Grenzen unserer Kirche oder Glaubensgemeinschaft hinaus. Sie meint die ganze Welt. Statt uns ängstlich und egoistisch abzukapseln, ruft das Jonabuch uns auf, der Güte Gottes zu trauen, die alle Grenzen übersteigt und für die es keine aussichtslosen Fälle gibt.

Kernstellen:
Ich rief zum HERRN in meiner Angst und er antwortete mir. Ich schrie aus dem Rachen des Todes und du hörtest meine Stimme. Jona 2,2
Der HERR sprach: Dich jammert die Staude, um die du dich nicht gemüht hast, hast sie auch nicht aufgezogen, die in ei-ner Nacht ward und in einer Nacht verdarb, und mich sollte nicht jammern Ninive, eine so große Stadt, in der mehr als hundertundzwanzigtausend Menschen sind, die nicht wissen, was rechts oder links ist, dazu auch viele Tiere? Jona 4,10.11

Der Prophet Micha

# »Es ist dir gesagt, Mensch, was gut ist.«
## (Mi 6,8)

Micha ist ein Zeitgenosse des Propheten Jesaja. Aber er ist kein Stadtmensch wie dieser, kein Bürger Jerusalems, nicht vertraut mit der großen Politik. Er stammt vielmehr aus dem kleinen Ort Moreschet in Judäa. Vielleicht liegt es an dieser Herkunft, dass Micha das Leid und Elend der kleinen Leute, die er offensichtlich gut kennt, und das Unrecht, das ihnen die Mächtigen zufügen, in den Mittelpunkt seiner Botschaft rückt.

Im Namen Gottes ruft er sein »Wehe« gegenüber den Mächtigen und Besitzenden aus, die den einfachen Landbauern ihre Äcker und Häuser wegnehmen, sie ihrer Kleidung berauben, den einfachen Familien ihr Zuhause zerstören. »Ihr hasst das Gute und liebt das Arge«, so ruft er, »ihr schindet ihnen die Haut ab und fresst das Fleisch meines Volks.« (Mi 3,2.3)

Ebenso geht Micha mit Priestern und Propheten streng ins Gericht. Sie sind bestechlich und verkündigen Heil, wenn man ihnen etwas zusteckt: »Seine Priester lehren für Lohn und seine Propheten wahrsagen für Geld.« (Mi 3,11)

Auch der Gottesdienst ist zu einer Farce entartet. Die Frage nach dem rechten Gottesdienst wird gestellt, aber sie ist nicht ernst gemeint. »Es ist dir gesagt, Mensch«, ruft Micha, »was gut ist und was der HERR von dir fordert, nämlich Gottes Wort halten und Liebe üben und demütig sein vor deinem Gott.«

Doch Micha belässt es nicht bei Anklage und Belehrung. Er kann es nicht dabei belassen. Im Namen Gottes muss er ein furchtbares Gericht ankündigen. Der Feind wird das Land zerstören und auch vor Jerusalem und dem Tempel nicht Halt machen: »Darum wird Zion um euretwillen wie ein Acker gepflügt werden und der Berg

des Tempels wird zu einer Höhe wilden Gestrüpps.« (Mi 3,12)
Erst nach der Katastrophe, erst nach dem Gericht, kann wieder von Gnade die Rede sein, von einem kommenden Friedensreich Gottes, wo die »Schwerter zu Pflugscharen« umgeschmiedet werden und jeder friedlich »unter seinem Weinstock und Feigenbaum« wohnen wird. (Mi 4,3.4)
Auch von einem neuen Herrscher weiß Micha zu künden, einem König ganz anderer Art als diejenigen, die Israel bislang regierten. Er wird wie König David aus Bethlehem kommen. »Und er wird der Friede sein.« (Mi 5,4)
Ist es da ein Wunder, dass die christliche Gemeinde in der Ankündigung dieses kommenden Herrschers eine Weissagung auf Jesus gesehen hat, den sie als Davidssohn und Friedefürst feiert und bekennt?

## Lesetipps:

*Kap. 2,1-11: Weheruf über die Mächtigen*
*Kap. 3: Anklage gegen alle Führenden; Ankündigung des Gerichts*
*Kap. 5,1-4: Der Friedenskönig aus Bethlehem*
*Kap. 6,6-8: Was gut ist vor Gott*

---

Kernstellen:
Du, Bethlehem Efrata, die du klein bist unter den Städten in Juda, aus dir soll mir der kommen, der in Israel Herr sei.

Mi 5,1

Es ist dir gesagt, Mensch, was gut ist und was der HERR von dir fordert, nämlich Gottes Wort halten und Liebe üben und demütig sein vor deinem Gott.                    Mi 6,8

Wo ist solch ein Gott, wie du bist, der die Sünde vergibt und an seinem Zorn nicht ewig festhält, denn er ist barmherzig!

Mi 7,18

**Der Prophet Nahum**

# »Der HERR kennt die, die auf ihn trauen.«
## (Nah 1,7)

Wo ist Gott, wo ist seine Treue, seine Hilfe? So fragen die Israeliten, die unter der brutalen Herrschaft des assyrischen Großreichs zu leiden haben. Ob er uns vergessen hat?

Nein, antwortet darauf der Prophet Nahum. Sein Name ist Programm, denn er bedeutet »Trost«. Das Volk Gottes soll wieder getröstet werden. Die Gewalt der Assyrer wird ein Ende haben. Ninive, die Hauptstadt des feindlichen Großreiches, wird untergehen.

Gott war es, der die Assyrer über sein ungehorsames Volk hatte kommen lassen. Doch Gott ist es auch, der sein Volk von seinen Bedrängern befreit. Der Prophet sieht voraus, was Israel in Kürze erfahren wird: Ninive wird von einem anderen Volk, den Babyloniern, belagert und erobert werden. Kein Reich, wie mächtig es auch ist, soll meinen, für ewig Bestand zu haben. Das letzte Wort hat Gott. Er lenkt die Weltgeschichte. Und er lenkt sie so, dass die, die auf ihn trauen, bei ihm Zuflucht finden, wie groß und unabsehbar auch die Not ist, in der sie sich befinden.

### Lesetipp:
*Kap. 1: Gottes Gericht über Ninive; seine Hilfe für alle, die ihm vertrauen*

Kernstellen:
So spricht der HERR: Sie mögen kommen so gerüstet und mächtig, wie sie wollen, sie sollen doch umgehauen werden und dahinfahren. Ich habe dich gedemütigt, aber ich will dich

nicht wiederum demütigen. Jetzt will ich sein Joch, das du trägst, zerbrechen und deine Bande zerreißen.     Nah 1,12.13
Siehe auf den Bergen die Füße eines guten Boten, der da Frieden verkündigt! Feiere deine Feste, Juda, und erfülle deine Gelübde! Denn es wird der Arge nicht mehr über dich kommen; er ist ganz ausgerottet.     Nah 2,1

## Der Prophet Habakuk

# »Der Gerechte wird durch seinen Glauben leben.«
## (Hab 2,4)

»Siehe, wer halsstarrig ist, der wird keine Ruhe in seinem Herzen haben, der Gerechte aber wird durch seinen Glauben leben.« Dieses Gotteswort, das dreimal an wichtiger Stelle im Neuen Testament zitiert wird (Röm 1, 17; Gal 3, 11; Hebr 10, 38), steht im Zentrum des Prophetenbuches und macht seine Bedeutung aus. Es ist ein Teil des intensiven Gesprächs, das Habakuk mit seinem Gott führt. Zuerst bedrängt ihn die Frage, wie es möglich ist, dass unzähliges Unrecht scheinbar straflos auf Erden geschehen kann. Die Antwort Gottes, die die Eroberung Judas durch die Chaldäer in Aussicht stellt, verstärkt die Frage des Propheten. Denn deren Tyrannei vergrößert ja nur noch das schon bestehende Unrecht. Gottes zentrale Antwort zeigt, dass er der Herr allen Geschehens ist und bleibt. Wer von Gott abweicht, ob als Israelit, ob als Chaldäer, wird keine Ruhe finden und letztlich zugrunde gehen. Das Leben kann nur gewinnen, wer »gerecht« ist, das heißt, wer sich an Gottes Weisungen und Verheißungen hält und ihm allein vertraut. Im Glauben an Gottes Barmherzigkeit und Treue können die quälenden Fragen über das Unrecht in der Welt zur Ruhe kommen.

## Lesetipp:

*Kap. 1,12-2,5: Habakuk fragt Gott, und Gott antwortet*

> **Kernstellen:**
> Wer halsstarrig ist, der wird keine Ruhe in seinem Herzen haben, der Gerechte aber wird durch seinen Glauben leben.
>
> **Hab 2,4**
>
> Der HERR ist in seinem heiligen Tempel. Es sei vor ihm stille alle Welt!
>
> **Hab 2,20**

## Der Prophet Zefanja

# »Suchet den HERRN!«
## (Zef 2,3)

Bei Zefanja erscheint auf kleinem Raum alles zusammengefasst, was die Verkündigung der Propheten Israels ausmacht.

Im Zentrum der Botschaft des Propheten steht wie bei den meisten anderen auch die Ankündigung des göttlichen Gerichts, des Tages des Zornes Gottes. Denn es ist eine irrige Meinung, damals wie heute, dass »der Herr weder Gutes noch Böses« tun wird (Zef 1,12). Gott ist ein heiliger Gott, der auf Recht und Gerechtigkeit achtet, der die Missachtung seines Herrseins und den Ungehorsam seinem Wort gegenüber nicht ungestraft hinnimmt.

Und so wird auch bei Zefanja die Klage über Götzendienst und heidnische Bräuche laut, über Gewalt und Rechtsbruch, über die Leichtfertigkeit der Propheten, die Heil verkünden, wo keine Rettung mehr ist, über den Frevel der Priester, die durch die Art ihrer Amtsausübung das Heiligtum entweihen und das Gesetz Gottes falsch auslegen und lehren.

Nicht nur Jerusalem und Juda, auch die Nachbarvölker wird Gottes Gericht mit furchtbarer Gewalt treffen.

»Suchet den HERRN, alle ihr Elenden im Lande«, ruft Zefanja, »vielleicht könnt ihr euch bergen am Tage des Zorns des HERRN!« Das hört sich noch ziemlich vage und nicht sehr hoffnungsvoll an. Doch am Ende des Prophetenbuches klingt dann auch bei Zefanja ein anderer, ein neuer Ton an. Von der Gerichtsankündigung wird nichts zurückgenommen. Doch es gibt ein Jenseits des Gerichtes, ein »Dann«: »Dann aber will ich den Völkern reine Lippen geben, dass sie alle des Herrn Namen anrufen sollen und ihm einträchtig dienen.« In Juda und Jerusalem wird ein »armes und geringes Volk« übrig bleiben (Zef 3,12), das auf Gottes Namen traut und ihm die Ehre gibt.

Gott verheißt eine Zeit und eine Welt, wo Bosheit, Lüge und Betrug nichts mehr zu suchen haben und die Menschen in Frieden und ohne alle Furcht leben werden. Und als ob das alles schon Wirklichkeit geworden ist, wird unmittelbar nach den so furchtbaren Gerichtsandrohungen der Ruf laut: »Freue dich und sei fröhlich von ganzem Herzen, du Tochter Jerusalem! Denn der HERR hat deine Strafe weggenommen und deine Feinde abgewendet.« (Zef 3,14.15)

Das ist das Ziel aller Wege Gottes. Das ist das Licht seiner Gnade, das mitten in alle Katastrophen und alle persönliche Finsternis hineinstrahlt und uns Kraft gibt, aufs Neue Gott zu suchen, an ihm uns festzuhalten und uns bei ihm zu bergen.

## Lesetipps:

*Kap. 1,1-6: Ankündigung des göttlichen Zorngerichts*
*Kap. 2,1-3: Suchet den HERRN!*
*Kap. 3,9-13: Gottes Verheißung*

Kernstellen:
Suchet den HERRN, alle ihr Elenden im Lande, die ihr seine Rechte haltet! Suchet Gerechtigkeit, suchet Demut! Viel-

leicht könnt ihr euch bergen am Tage des Zorns des HERRN!

Zef 2,3

Dann aber will ich den Völkern reine Lippen geben, dass sie alle des HERRN Namen anrufen sollen und ihm einträchtig dienen.

Zef 3,9

Zur selben Zeit will ich euch heimbringen und euch zur selben Zeit sammeln; denn ich will euch zu Lob und Ehren bringen unter allen Völkern auf Erden, wenn ich eure Gefangenschaft wenden werde vor euren Augen, spricht der HERR. Zef 3,20

## Der Prophet Haggai

# »Jeder nur eilt, für sein Haus zu sorgen.«
## (Hag 1,9)

Haggai, ein Zeitgenosse des Propheten Sacharja, spricht zu den Menschen, die aus der Babylonischen Gefangenschaft wieder nach Jerusalem zurückgekehrt sind: in eine zerstörte Stadt mit einem zerstörten Tempel. Man hatte zwar gleich nach der Rückkehr mit dem Wiederaufbau des Tempels begonnen. Doch dann waren die Arbeiten ins Stocken geraten und zum Stillstand gekommen. Es ist wichtiger, zuerst einmal an die eigene Existenz, an das eigene Haus zu denken, so war die Meinung der Einwohner Jerusalems. Doch dem kann Haggai auf gar keinen Fall zustimmen. Im Gegenteil, er sieht als Grund für das Elend in der Stadt die Vernachlässigung des Gottes Israels und seines Tempels. Die gegenwärtige Dürre mit ihren Missernten ist nichts anderes als Gottes Strafe für den nicht weiter verfolgten Tempelaufbau.

Die Predigt Haggais zeigt Wirkung. Die heimgekehrten Israeliten machen sich wieder ans Werk. Und sogleich hat Haggai im Auftrag Gottes dem Volk Gutes zu verkündigen. »Mein Geist soll unter euch bleiben. Fürchtet euch nicht.« Auch wenn der Tempel noch trostlos aussieht, er wird am Ende herrlicher werden als der erste Tempel. Nach seiner Wiederherstellung werden die Völker herbeiströmen und ihre Kostbarkeiten in den Tempel einbringen. Doch nur die heimgekehrten Israeliten dürfen den Tempel aufbauen. Dem Volk der Samaritaner, das im Gebiet des ehemaligen Nordreichs wohnt, wird eine Beteiligung am Tempelbau untersagt. Weil sie neben dem Gott Israels auch noch anderen Göttern dienen, würde ihre Mitarbeit den ganzen Tempel unrein machen. Das Prophetenbuch endet mit einer großartigen Prophezeiung für den gegenwärtigen Statthalter Serubbabel. »Sage Serubbabel: Ich will dich, meinen Knecht, wie einen Siegelring halten; denn ich habe dich erwählt.« (Hag 2,23) Der Statthalter erscheint nach diesem Wort wie der verheißene König der Endzeit, wie der Messias.

Gottes Volk braucht einen Ort, an dem es zum Gottesdienst zusammenkommen kann. Wo die Gedanken und täglichen Sorgen nur um die eigene Existenz kreisen, kann niemand die Hilfe und den Segen Gottes erwarten. Das hat Haggai in seiner Zeit und mit seinen Worten zu Recht klar gemacht. Auch die Sorge Haggais um den rechten Glauben, die Warnung vor einer Vermischung mit anderen Religionen, ist berechtigt. Zu kurz gegriffen hat der Prophet allerdings in seiner Überzeugung, dass Serubbabel der König der Endzeit, der Messias sei. So berechtigt und groß die Sehnsucht Haggais auch war, Gottes Pläne sahen anders aus.

---

Kernstellen:

Ihr erwartet wohl viel, aber siehe, es wird wenig; und wenn ihr's schon heimbringt, so blase ich's weg. Warum das?, spricht der HERR Zebaoth. Weil *mein* Haus so wüst dasteht und ein jeder nur eilt, für *sein* Haus zu sorgen.          Hag 1,9

Sei getrost, alles Volk im Lande, spricht der HERR, und arbeitet! Denn ich bin mit euch, spricht der HERR Zebaoth, nach dem Wort, das ich euch zusagte, als ihr aus Ägypten zogt; und mein Geist soll unter euch bleiben. Fürchtet euch nicht!          Hag 2,4.5

Der Prophet Sacharja

# »Der HERR wird König sein über alle Lande.«
## (Sach 14,9)

Israel ist aus dem babylonischen Exil nach Jerusalem zurückgekehrt und hat mit dem Wiederaufbau der Stadt und des Tempels begonnen. Doch die Menschen in Jerusalem sind mutlos. Denn noch immer ist die Heilszeit, wie sie zum Beispiel Jesaja oder Hesekiel angekündigt haben, nicht eingetroffen. Da schenkt Gott dem Sacharja in acht Visionen die Gewissheit, dass seine Herrschaft und sein Heil kommen werden.

Zwar ist noch alles still auf der Erde, aber Gott hat sein Volk nicht vergessen. Voller Barmherzigkeit wird er sich seiner Stadt Jerusalem wieder zuwenden. Schon stehen auch Mächte bereit, die die Weltreiche, die Gott noch widerstreben, zerschlagen werden. Wenn dann die Heilszeit beginnt, braucht Jerusalem keine Stadtmauern mehr. Gott selbst wird die Stadt schützen. »Ich komme und will bei dir wohnen.« (Sach 2,14) Wo aber Gott wohnt, haben Diebe und Meineidige nichts mehr verloren. Sie werden ausgetrieben. Ja das Böse selbst wird aus dem Lande entfernt. Sacharja sieht in einer Vision, wie die Gottlosigkeit in eine Tonne eingeschlossen und von zwei Frauen mit Flügeln weggetragen wird. Der Hohepriester Jeschua aber, den der Satan vor Gott verklagt, wird von Gott entsündigt und für sein Amt bereitgemacht. Er ist ein Vorzeichen dafür, dass Gott den »Spross«, den verheißenen Messias, senden wird. Schon jetzt beginnt Gottes Geist, der Geist der Heilszeit, zu wirken. Er hilft Serubbabel, dem weltlichen Führer der nachexilischen Gemeinde, trotz aller Schwierigkeiten den Tempelbau zu vollenden.

Gottes Heil wird kommen. Das ist für Sacharja eine unverrückbare Tatsache. Es gilt, sich schon jetzt darauf auszurichten, der

Wahrheit die Ehre zu geben, Frieden zu schaffen und mit Güte und Barmherzigkeit dem Nächsten entgegenzukommen. Am Ende werden die Völker in Scharen nach Jerusalem strömen, um dort den Gott Israels anzubeten.

An die Verkündigung des Propheten Sacharja (Kap. 1-8) sind noch eine Reihe anderer Prophetenworte aus späterer Zeit angefügt worden (Kap. 9-14). Vom Friedenskönig, der auf einem Esel in seine Stadt einzieht, ist in diesen Worten die Rede, aber auch von der furchtbaren Möglichkeit, dass Gott sein unbußfertiges Volk aufs Neue treulosen und unwürdigen Hirten überlassen kann. Doch auch der Anhang des Prophetenbuches kann nicht anders, als am Ende der Zeit Gottes Königsherrschaft über die ganze Welt zu proklamieren: »Und der HERR wird König sein über alle Lande.« (Sach 14,9)

## Lesetipps:

*Kap. 5,5-11: Die Vision von der fliegenden Tonne: Gott wird die Gottlosigkeit aus dem Land verbannen*

*Kap. 7,7-14: Die Ursache für Gottes Gericht in der Vergangenheit*

*Kap. 8: Zehn Zusagen Gottes verheißen Heil für Jerusalem und für alle Völker*

*Kap. 9,9-10: Der kommende Friedenskönig*

---

Kernstellen:

Es soll nicht durch Heer oder Kraft, sondern durch meinen Geist geschehen, spricht der HERR Zebaoth.　　Sach 4,6

Richtet recht, und ein jeder erweise seinem Bruder Güte und Barmherzigkeit.　　Sach 7,9

Du, Tochter Zion, freue dich sehr, und du, Tochter Jerusalem, jauchze! Siehe, dein König kommt zu dir, ein Gerechter und ein Helfer.　　Sach 9,9

## Der Prophet Maleachi

# »So bekehrt euch nun zu mir.«
## (Mal 3,7)

Auch der Prophet Maleachi spricht zu den Israeliten in der Zeit
nach der Babylonischen Gefangenschaft. Noch immer ist von all
den Veränderungen, die die Propheten vorausgesagt haben, nichts
zu sehen und zu spüren. Das Volk ist enttäuscht, auch in seinem
Glauben. Der Tempel ist zwar wieder aufgebaut, aber das Leben
im Alltag ist unendlich mühsam.

»Ich habe euch lieb, spricht der HERR«, so beginnt die Botschaft
des Propheten. Aber seine Hörer nehmen das nicht mehr un-
widersprochen hin. »Woran sehen wir, dass du uns lieb hast?«, so
fragen die Menschen (Mal 1,2). Ist es nicht »umsonst, dass man
Gott dient«? (Mal 3,14) Sie sehen keinen Sinn mehr in ihrer
Frömmigkeit, zumal sie beobachten, dass die, die von Gott nichts
halten, durchaus nicht zugrunde gehen, sondern bewahrt bleiben.
In all dem drückt sich eine große Entfernung der Menschen zu
Gott aus, eine Müdigkeit und Resignation, die Gott letztlich den
Abschied gibt.

Zu diesen Vorwürfen schweigt Gott nicht. Er nennt Gründe für
die gegenwärtige trostlose Situation. Da sind zunächst die minderwertigen Opfer, die Gott dargebracht werden. Statt, wie es im
Gesetz steht, nur fehlerfreie Tiere zu opfern, schiebt man Gott
die minderwertigen und kranken zu. Für Maleachi heißt das: Die
Menschen nehmen Gott nicht mehr ernst, haben keine Ehrfurcht
mehr vor ihm, sind nur noch oberflächlich fromm. Wie sollen sie
da Gottes Nähe erfahren? Selbst die Priester versagen. Während
sie früher aus Gottes Gesetz Rat und Weisung erteilten, lassen sie
es jetzt zu, dass Gott nicht die Ehre erfährt, die ihm gebührt.
Auch die Ehen der Gemeindeglieder gefallen Gott nicht. Da wer-

den Mischehen mit Frauen eingegangen, die einer fremden Religion angehören und anderen Göttern dienen. Und immer mehr greift die Sitte um sich, die in jungen Jahren geheiratete Frau zu verstoßen. »So bekehrt euch nun zu mir, so will ich mich auch zu euch kehren.« (Mal 3,7) Das ist der Kern der Prophetenbotschaft. In der fehlenden Umkehr zu Gott liegt der Grund für die Müdigkeit und Resignation der Gemeinde.

Nur wer umkehrt zu Gott, hat auch die Chance, am Tag des Gerichts vor Gott zu bestehen. Denn Gottes großer Tag wird kommen, an dem alle Verächter Gottes und alle Gottlosen wie Stroh verbrennen werden. Gott will nicht, dass sein Volk vom Gericht überrascht wird, deshalb wird er seinen Boten, den Propheten Elia, senden, »ehe der große und schreckliche Tag des HERRN kommt«. (Mal 3,23)

Das Neue Testament hat in Johannes dem Täufer den wiederkommenden Elia erkannt. Er hat dem den Weg bereitet, der am Kreuz für uns alle Gottes Gericht getragen hat.

## Lesetipps:

*Kap. 1,6-14: Das Volk verachtet Gott durch minderwertige Opfer*
*Kap. 2,17-3,5: Gottes Gericht ist nah*
*Kap. 3,13-21: Gott erbarmt sich der Gottesfürchtigen am Tag des Gerichts*

Kernstellen:

Siehe, ich will meinen Boten senden, der vor mir her den Weg bereiten soll. Und bald wird kommen zu seinem Tempel der Herr, den ihr sucht; und der Engel des Bundes, den ihr begehrt, siehe, er kommt!, spricht der HERR Zebaoth. Mal 3,1
Euch aber, die ihr meinen Namen fürchtet, soll aufgehen die Sonne der Gerechtigkeit und Heil unter ihren Flügeln.

Mal 3,20

# Die Prophetenbücher

Schon seit der frühen Königszeit gab es in Israel Männer, die sich von Gott berufen wussten und die in seinem Auftrag und in seinem Namen die Könige und Führenden des Volkes, aber auch das ganze Volk mahnten, warnten, zur Umkehr von ihren falschen Wegen riefen und auch Gottes Gericht über das Volk ankündigten. Fast alle Propheten, deren Bücher wir in der Bibel haben, waren Gerichtspropheten. Aber so ernst sie auch predigten, bei keinem fehlt ein Wort der Verheißung, der Gnade und der erneuten Zuwendung Gottes und seines Heils. Der älteste der Schriftpropheten ist Amos. Er predigte im Nordreich um 760 v. Chr. Ihm folgen Hosea (770-725 v. Chr.) und Micha (740-700 v. Chr.).

Das Buch Jesaja enthält die Botschaft von mindestens zwei Propheten. Jesaja selbst kommt in den Kapiteln 1 bis 39 zu Wort. Er wirkte in der Zeit zwischen 740 und 690 v. Chr. In den Kapiteln 40 bis 55 predigt ein anderer Prophet. Er tritt im babylonischen Exil auf (etwa 550 bis 530 v. Chr.) und verheißt einen neuen Anfang Gottes mit seinem Volk und die Rückkehr des Volkes in seine Heimat. Die Kapitel 56 bis 66 sind in der Zeit nach dem Exil entstanden (540-500 v. Chr.). Die theologische Forschung ist sich nicht einig, ob es sich hier um einen selbständigen Propheten handelt oder um eine Sammlung einzelner Worte verschiedener Propheten.

Nach dem ursprünglichen Propheten Jesaja schließen sich in zeitlicher Reihenfolge folgende Propheten an: Zefanja (um 630 v. Chr.), Jeremia (627-580 v. Chr.), Nahum (626-615 v. Chr.), Habakuk (um 600 v. Chr.), Obadja (586 v. Chr.) und Hesekiel (593-570 v. Chr.).

Nach dem Exil wirkten in Jerusalem Haggai (520 v. Chr.), Sacharja (520-518 v. Chr.), Maleachi (zwischen 500 und 450 v. Chr.) und Joel (um 400 v. Chr.). Das Buch Jona ist um 300 v. Chr. entstanden. Das Buch Daniel enthält ältere und jüngere Teile und wird in seiner vorliegenden Form auf das 2. Jahrhundert v. Chr. datiert.

## Das Evangelium nach Matthäus

# »Wer sagt denn ihr, dass ich sei?«
## (Mt 16,15)

»Wer sagt denn ihr, dass ich sei?«, so fragt Jesus seine Jünger. Und in ihrem Namen antwortet Petrus: »Du bist Christus, des lebendigen Gottes Sohn!« Genau das ist auch die Antwort des Evangelisten Matthäus. Das will er mit seinem Evangelium bezeugen, dahin will er auch seine Leser bringen, dass sie bekennen: »Du bist Christus, des lebendigen Gottes Sohn!«

Jesus ist der im Alten Testament von den Propheten angekündigte und verheißene Messias. Immer wieder weist Matthäus darauf hin, dass in den Taten und Worten Jesu sich die Verheißungen des Alten Testaments erfüllt haben. Und nicht nur die Verheißungen haben sich erfüllt. Mit seinem Reden und Tun erfüllt Jesus selbst »alle Gerechtigkeit«, erfüllt er auch das Gesetz des Mose, bringt er es zu seinem Vollsinn.

Wie die anderen Evangelisten berichtet Matthäus auch von den Taten Jesu, seinem Leiden, Sterben und Auferstehen. Besonders wichtig aber sind ihm Jesu Worte. In mehreren großen Reden fasst Matthäus die Verkündigung Jesu zusammen. Die wichtigste Rede ist die Bergpredigt. Sie beginnt mit den Seligpreisungen und macht deutlich, dass Gottes große Liebe uns dazu führt, keinen Bereich unseres Lebens von Gottes Herrschaft auszuschließen und unser ganzes Leben voller Vertrauen in seine Hände zu legen. Lippenbekenntnisse sind nicht gefragt, sondern eine Nachfolge von ganzem Herzen, ein Gehorsam, der Hand und Fuß hat.

Denn Gottes Herrschaft, so zeigen es die weiteren Reden, ist zum Greifen nahe. Und die etwas vom Gottesreich erfahren haben sind gesandt, es furchtlos im Namen Jesu weiterzuverkündigen. In seiner Gemeinde, der Gemeinschaft der Jünger, da zählen die

Kleinen, die in der Welt Unbedeutenden, da herrscht die gegenseitige Vergebung. Und statt der Heuchelei, die Jesus bei den Frommen seiner Zeit anprangert, erwartet er von den Seinen ein gerechtes und barmherziges Handeln. Am Ende wird Gott sein Reich vollenden. Dieser Vollendung gehen Jesu Jünger in wacher und gespannter Erwartung entgegen.

Der erste Adressat der Predigt Jesu ist das Volk Israel. Aber schon zu seinen Lebzeiten dehnt sich der Kreis der Glaubenden auf die Heidenwelt aus. Und der Missionsbefehl Jesu nach seiner Auferstehung hat »alle Welt« im Blick. Er ist gekommen, um allen zu dienen, für alle sein Blut zu vergießen. Und wenn der Auferstandene sagt: »Siehe, ich bin bei euch alle Tage bis an der Welt Ende« (Mt 28,20), dann sind auch wir damit gemeint.

## Lesetipps:

*Kap. 5-7: Die Bergpredigt Jesu*
*Kap. 8-9: Einige von Jesu Taten*
*Kap. 13: Die Gleichnisse Jesu*
*Kap. 25,31-46: Die Rede Jesu vom Weltgericht*
*Kap. 28,16-20: Der Missionsbefehl Jesu*

---

Kernstellen:

Selig sind, die da hungert und dürstet nach der Gerechtigkeit; denn sie sollen satt werden. Mt 5,6

Liebt eure Feinde und bittet für die, die euch verfolgen, damit ihr Kinder seid eures Vaters im Himmel. Mt 5,44.45

Trachtet zuerst nach dem Reich Gottes und nach seiner Gerechtigkeit, so wird euch das alles zufallen. Mt 6,33

Kommt her zu mir, alle, die ihr mühselig und beladen seid; ich will euch erquicken. Nehmt auf euch mein Joch und lernt von mir; denn ich bin sanftmütig und von Herzen demütig; so werdet ihr Ruhe finden für eure Seelen. Mt 11,28.29

Was ihr getan habt einem von diesen meinen geringsten Brüdern, das habt ihr mir getan. Mt 25,40

## Das Evangelium nach Markus

# »Alsbald sah er, dass sich der Himmel auftat.«
## (Mk 1,10)

Das Evangelium muss erzählt werden. Markus war der erste, der diese Erkenntnis in die Tat umsetzte. Vor ihm waren, z.B. in den Paulusbriefen, die Heilstatsachen in kurzen Sätzen zusammengefasst worden. Markus aber erzählt. Er erzählt alles, was er von Jesu Taten und Worten, seinem Leiden und Auferstehen weiß.

Markus fängt sein Evangelium nicht mit Jesu Geburt, sondern mit seiner Taufe durch Johannes an: »Und alsbald, als er aus dem Wasser stieg, sah er, dass sich der Himmel auftat und der Geist wie eine Taube herabkam auf ihn. Und da geschah eine Stimme vom Himmel: Du bist mein lieber Sohn, an dir habe ich Wohlgefallen.«

Das Evangelium beginnt also mit dem geöffneten Himmel und dem Bekenntnis Gottes zu Jesus als seinem Sohn. Das ist die Botschaft des Markus, dass der Himmel zerrissen ist und Gottes Liebe in Jesus Fuß gefasst hat in unserer Welt.

Immer wieder leuchtet diese Liebe Gottes zu seinen Menschen in den Worten und Taten Jesu auf. Ob er nun Aussätzige, Gelähmte, Taubstumme, Blinde oder von bösen Geistern Geplagte heilt, ob er in seinen Gleichnissen und Reden den Anbruch der Herrschaft Gottes verdeutlicht, ob er die Menschen auf wunderbare Weise speist oder sich als Herr über die Naturgewalten erweist: Immer wieder wird etwas von der Nähe Gottes, seinem Erbarmen deutlich.

Aber nicht alle Menschen lassen sich diese Nähe und Liebe Gottes widerspruchslos gefallen. Die unerhörte Freiheit, in der Jesus redet und handelt, Menschen zurechtbringt und Sünden vergibt, macht Angst, vor allem den religiösen Führern des Volkes. Und schon bald ist von einem Tötungsbeschluss der Pharisäer die Rede. Dieses Thema, Jesu Leiden und Tod, durchzieht dann auch wie ein roter Faden das Evangelium, bis seine Berichterstattung schließlich in die Leidensgeschichte Jesu und den Bericht vom leeren Grab einmündet.

Das ist dem Markus wichtig: Erst in Jesu Leiden und Tod erweist sich die Größe und Tiefe der Liebe Gottes, erst von Jesu Auferstehung her begreifen wir seine Sendung, sein Reden und Tun. Deshalb breitet Markus über die Taten des irdischen Jesus auch immer gleich den Schleier des Geheimnisses. Offen soll und darf davon erst geredet werden, wenn Jesus gekreuzigt und auferstanden ist. Nur von seinem Kreuz und seiner Auferstehung her verstehen wir Jesu Wirken, erkennen wir in Jesu Reden und Tun den geöffneten Himmel und können mit dem Hauptmann unter dem Kreuz bekennen: »Wahrlich, dieser Mensch ist Gottes Sohn gewesen!« (Mk 15,39)

## Lesetipp:

*Ein Evangelium sollte in jedem Fall ganz gelesen werden. Da das Markusevangelium das älteste und kürzeste ist, empfehle ich dieses.*

Kernstellen:

Jesus aber sprach: Meine Tochter, dein Glaube hat dich gesund gemacht; geh hin in Frieden und sei gesund von deiner Plage!                                               Mk 5,34

Jesus sah die große Menge; und sie jammerten ihn, denn sie waren wie Schafe, die keinen Hirten haben.                    Mk 6,34

Sogleich schrie der Vater des Kindes: Ich glaube; hilf meinem Unglauben!                                                    Mk 9,24

Wenn ihr steht und betet, so vergebt, wenn ihr etwas gegen jemanden habt, damit auch euer Vater im Himmel euch vergebe eure Übertretungen.                              Mk 11,25

# Das Evangelium nach Lukas

## »Euch ist heute der Heiland geboren.«
### (Lk 2,11)

Wir haben in der Bibel vier Evangelien, die vom Wirken, Leiden, Sterben und Auferstehen Jesu berichten. Jedes hat seinen besonderen Schwerpunkt, auf keines können wir verzichten. Aber wenn ich entscheiden müßte, welches ich auf jeden Fall behalten möchte, dann wäre es das Lukasevangelium. Denn es enthält Gleichnisse und Berichte von Jesus, die in unnachahmlicher Weise die Frohe Botschaft verkündigen und die in den anderen Evangelien fehlen.

Ich denke als erstes an das Gleichnis vom verlorenen Sohn, in dem Jesus von der unsagbaren Liebe und Geduld des himmlischen Vaters erzählt, der darauf wartet, dass wir verlorenen Söhne und Töchter heimfinden in sein Vaterhaus, wie viel Schuld wir auch auf uns geladen, wie weit wir uns auch von ihm entfernt haben.

Ich denke an die Beispielerzählung Jesu vom barmherzigen Samariter, die für jeden verständlich aufzeigt, was es heißt, den Nächsten zu lieben, die zeigt, wer denn unser Nächster ist.

Ich denke an die Geschichte vom Zöllner Zachäus, die so anschaulich demonstriert, dass Jesus gekommen ist, die Sünder zu rufen und nicht die Gerechten. Dasselbe zeigt auch die Geschichte vom Pharisäer und Zöllner.

Und ich denke an die Geschichte von den Emmausjüngern, die uns darauf hinweist, wo wir den auferstandenen Jesus finden, wo wir ihm begegnen können: nämlich überall dort, wo das Wort der Bibel ausgelegt wird, überall dort, wo sich seine Gemeinde zum Abendmahl versammelt.

Jesus ist nicht nur der im Alten Testament verheißene Messias, er ist weit über das Volk Israel hinaus der Heiland der ganzen Welt.

Deshalb läßt Lukas den Stammbaum Jesu nicht nur wie bei Matthäus bis zu Abraham, dem Stammvater Israels, zurückgehen, sondern bis zu Adam, dem Stammvater des ganzen Menschengeschlechts.

Für alle ist er gekommen, allen bringt er das Heil. Und dabei wendet er sich besonders an die Verachteten, die Rechtlosen, die an den Rand der Gesellschaft Gedrängten. Damals waren es die Armen, die Zöllner, die Kranken – und immer wieder die Frauen. Kein Evangelium betont so stark wie Lukas Jesu Hinwendung zu den Frauen, ihre Bedeutung auch für die Menschen, die dem irdischen Jesus nachfolgten.

»Siehe, ich verkündige euch große Freude, die allem Volk widerfahren wird.« (Lk 2,10) So sagte es der Engel den Hirten bei Bethlehem. Von dieser großen Freude berichtet das ganze Lukasevangelium.

## Lesetipps:

*Kap. 2,1-21: Die Weihnachtsgeschichte*

*Kap. 10,25-37: Der barmherzige Samariter*

*Kap. 15: Vom verlorenen Schaf; vom verlorenen Groschen, vom verlorenen Sohn*

*Kap. 18,9-14: Vom Pharisäer und Zöllner*

*Kap. 19,1-10: Zachäus*

*Kap. 24,13-35: Die Emmausjünger*

Kernstellen:

Simeon nahm Jesus auf seine Arme und lobte Gott und sprach: Meine Augen haben deinen Heiland gesehen, den du bereitet hast vor allen Völkern, ein Licht, zu erleuchten die Heiden.                                                     Lk 2,28.30.32

Der Vater sprach: Dieser mein Sohn war tot und ist wieder lebendig geworden; er war verloren und ist gefunden worden.

Lk 15,24

Jesus sprach zu Zachäus: Heute ist diesem Hause Heil widerfahren, denn auch er ist Abrahams Sohn. Denn der Menschensohn ist gekommen, zu suchen und selig zu machen, was verloren ist. Lk 19,9.10

Seht auf und erhebt eure Häupter, weil sich eure Erlösung naht. Lk 21,28

Was sucht ihr den Lebenden bei den Toten? Er ist nicht hier, er ist auferstanden. Lk 24,5.6

## Das Evangelium nach Johannes

# »Wir sahen seine Herrlichkeit.«
## (Joh 1,14)

Jesus beschreiben, von ihm erzählen – wie würden wir heute an diese Aufgabe herangehen?

Vielleicht würden wir uns zuerst fragen: Wie und wo bin ich in meinem Leben Jesus begegnet, was für Erfahrungen habe ich mit ihm gemacht, was hat sich durch ihn in meinem Leben verändert? Der Autor des vierten Evangeliums hat ähnlich gefragt. Aber seine Erfahrungen übersteigen die unseren bei weitem. Sie gehen unserem Glauben voraus. Sie begründen und bestärken ihn. Sie erhalten ihn am Leben. Johannes hat etwas gesehen, was wir aus eigener Kraft nie zu Gesicht bekommen.

»Wir sahen seine Herrlichkeit«, so schreibt Johannes, und damit gibt er den Grundton seines ganzen Evangeliums an: die Herrlichkeit Jesu. Von ihr erzählt er, sie beschreibt er, mit ihr macht er uns Mut, uns auf Jesus, sein Tun und Reden, sein Leben, Leiden und Auferstehen einzulassen. Denn Jesu Herrlichkeit soll auch unser Leben erleuchten und ihm einen unverlierbaren Glanz verleihen.

Ohne Jesus, sagt Johannes, ist unsere Welt finster und kalt, voller Misstrauen, Feindschaft und Hass, voller Angst und Krankheit und Tod.

Doch nun ist Jesus, der Sohn des ewigen Gottes, Mensch geworden. Er hat sein Zelt unter uns aufgeschlagen, Gottes Herrlichkeit in unsere Welt gebracht und den Mächten der Finsternis, der Bosheit, der Lüge und des Todes den Kampf angesagt. Er hat diese Mächte herausgefordert, den Kampf aufgenommen und gesiegt. »Es ist vollbracht«, so ruft er siegend am Kreuz (Joh 19,30). »Friede sei mit euch«, so redet er nach seiner Auferstehung seine Jünger an (Joh 20,21).

Weil Jesus Sieger ist, hat die Dunkelheit dieser Welt ausgespielt. Durch ihn ist die Macht des Bösen überwunden, er öffnet dem Frieden Gottes die Tür. Wer sich an diesen Jesus hält, ist der Welt und ihrer Not nicht entnommen, und doch ist sein Leben erhellt vom Licht der himmlischen Herrlichkeit. Umgeben von einer Liebe, die niemals aufhört, werden wir mit einem Leben beschenkt, das auch der Tod nicht mehr in Frage stellen kann.

Wie soll man von Jesus erzählen? Johannes antwortet: so, dass beim Erzählen etwas von Gottes Herrlichkeit aufleuchtet. Denn um diese Herrlichkeit auszubreiten, um in ihren Schein die ganze verlorene Menschheit hineinzurufen, ist Jesus in unsere Welt gekommen.

## Lesetipps:

*Kap. 1,1-18: Der Prolog*

*Kap. 3,1-21: Jesus und Nikodemus*

*Kap. 6,35-40: Das Brot des Lebens*

*Kap. 8,30-36: Die wirkliche Freiheit*

*Kap. 10,1-30: Der Gute Hirte*

*Kap. 11,1-44: Die Auferweckung des Lazarus*

*Kap. 15,1-11: Der Weinstock und die Reben*

*Kap. 16,16-33: Jesus verheißt bei seinem Abschied seinen Frieden*

*Kap. 17: Das hohepriesterliche Gebet Jesu*

*Kap. 19, 16b-37: Jesu Kreuzigung und Tod*

*Kap. 20,24-29: Der ungläubige Thomas*

Kernstellen:

Das Wort ward Fleisch und wohnte unter uns, und wir sahen seine Herrlichkeit, eine Herrlichkeit als des eingeborenen Sohnes vom Vater, voller Gnade und Wahrheit.　　Joh 1,14

Wahrlich, wahrlich, ich sage euch: Wer mein Wort hört und glaubt dem, der mich gesandt hat, der hat das ewige Leben und kommt nicht in das Gericht, sondern er ist vom Tode zum Leben hindurchgedrungen.　　Joh 5,24

Da redete Jesus abermals zu ihnen und sprach: Ich bin das Licht der Welt. Wer mir nachfolgt, der wird nicht wandeln in der Finsternis, sondern wird das Licht des Lebens haben.

Joh 8,12

Ich bin der gute Hirte und kenne die Meinen und die Meinen kennen mich, wie mich mein Vater kennt und ich kenne den Vater.　　Joh 10,14

Jesus spricht zu ihr: Ich bin die Auferstehung und das Leben. Wer an mich glaubt, der wird leben, auch wenn er stirbt; und wer da lebt und glaubt an mich, der wird nimmermehr sterben.　　Joh 11,25.26

In der Welt habt ihr Angst; aber seid getrost, ich habe die Welt überwunden.　　Joh 16,33

# Die Apostelgeschichte

# »Ihr werdet meine Zeugen sein.«
## (Apg 1,8)

Eine Geschichte der Apostel ist dieses zweite Buch des Evangelisten Lukas eigentlich nicht. Am Anfang berichtet er vielmehr von der Ausgießung des Heiligen Geistes nach Christi Himmelfahrt und der damit verbundenen Gründung der Urgemeinde in Jerusalem. Noch besteht diese Gemeinde ausschließlich aus bekehrten Juden. Aber Jesus ist Heiland der ganzen Welt. Darum kann es gar nicht anders sein, als dass das Evangelium seinen Weg auch zu den Heiden nimmt. In Jerusalem hat es angefangen. Aber von dort aus geht es über Judäa und Samaria in die ganze Welt.

Viele Missionare und Apostel waren es, die die Botschaft von Jesus Christus in die Welt getragen haben. Lukas konzentriert sich aber fast ausschließlich nur auf einen: den Apostel Paulus, der durch seine Begegnung mit dem Auferstandenen von einem Christenverfolger zum wichtigsten Heidenmissionar wurde.

Der Weg des Evangeliums – Lukas kann das nicht anders sehen – ist ein Siegeszug, auch wenn die Boten Christi unendliche Strapazen, Anfeindungen und Verfolgungen zu erdulden haben. Aber der erhöhte Herr lässt seine Zeugen nicht allein. Im Heiligen Geist ist er immer und überall gegenwärtig, verschließt er Wege, die ihm nicht gefallen, und öffnet er Türen, die kein Mensch zuvor gesehen und erwartet hat.

Überall in Kleinasien und in Griechenland entstehen durch die Predigt des Paulus Gemeinden. Dabei ist dem Heidenmissionar der bleibende Kontakt zur Jerusalemer Urgemeinde wichtig. Es soll nicht vergessen werden, aus welchem Volk der Heiland der Welt gekommen ist. Deshalb sammelt Paulus in seinen neu gegründeten Gemeinden Geld für die Armen in Jerusalem – und gerät bei der Übergabe der Kollekte in eine Gefangenschaft, aus der er nicht mehr freikommt. Jüdische Gegner klagen ihn an und wollen ihn mundtot machen. Sein verschleppter Prozess bringt ihn schließlich als Gefangenen nach Rom. Dorthin, ins Zentrum des Reiches, hat er immer schon gewollt, allerdings als Missionar und unter anderen Umständen. Doch dass Paulus selbst als Gefangener in Rom noch die Möglichkeit hat, das Evangelium von Jesus Christus »ungehindert« zu verkündigen, ist für Lukas ein Zeichen dafür, dass der erhöhte Herr zu seiner Gemeinde steht und selbst die Pforten der Hölle sie nicht überwinden können.

Gottes Pläne reichen weit. Sie reichen bis zu uns, die wir heute den spannenden Bericht des Lukas von der Entstehung und Ausbreitung der Kirche Jesu Christi lesen.

## Lesetipps:

*Kap. 1,4-8: Jesus nimmt Abschied von seinen Jüngern*

*Kap. 2,1-36: Die Ausgießung des Heiligen Geistes und die Predigt des Petrus*

*Kap. 2,37-47: Die erste christliche Gemeinde in Jerusalem*

*Kap. 9: Die Bekehrung des Saulus*

*Kap. 10: Gott gibt seinen Geist allen Menschen, die an ihn glauben (Der Hauptmann Kornelius)*

*Kap. 13,13-52: Paulus predigt auf der ersten Missionsreise in Antiochia in Pisidien*

*Kap. 15,1-29: Die Apostelversammlung in Jerusalem*

*Kap. 16,6-40: Das Evangelium kommt nach Europa*

*Kap. 28,17-31: Paulus kommt als Gefangener nach Rom.*

---

Kernstellen:

Jesus sprach zu den Aposteln: Ihr werdet die Kraft des Heiligen Geistes empfangen, der auf euch kommen wird, und werdet meine Zeugen sein in Jerusalem und in ganz Judäa und Samarien und bis an das Ende der Erde. Apg 1,8

Petrus sprach zu ihnen: Tut Buße und jeder von euch lasse

sich taufen auf den Namen Jesu Christi zur Vergebung eurer
Sünden, so werdet ihr empfangen die Gabe des Heiligen Geistes. Apg 2,38
So breitete sich das Wort aus durch die Kraft des Herrn und
wurde mächtig. Apg 19,20
Paulus sprach zu ihnen: So habt nun Acht auf euch selbst und
auf die ganze Herde, in der euch der Heilige Geist eingesetzt
hat zu Bischöfen, zu weiden die Gemeinde Gottes, die er
durch sein eigenes Blut erworben hat. Apg 20,28
König Agrippa aber sprach zu Paulus: Es fehlt nicht viel, so
wirst du mich noch überreden und einen Christen aus mir
machen. Apg 26,28

## Die vier Evangelien und die Apostelgeschichte

Das älteste der vier Evangelien ist das Markusevangelium. Es
verkündigt die Frohe Botschaft in Form von Taten und Worten
Jesu sowie der Geschichte seiner Passion, Kreuzigung und Auferstehung. Der Verfasser des Evangeliums nennt sich nirgends
im Evangelium mit Namen. Erst später wurde das Evangelium
Johannes Markus, dem Mitarbeiter des Paulus, zugeschrieben.
Es ist um 70 nach Christus entstanden.
Auch das Matthäusevangelium sagt an keiner Stelle etwas über
seinen Verfasser. Seit dem 2. Jahrhundert hält man den Apostel
Matthäus für seinen Autor. In jedem Fall war Matthäus Ju-
denchrist. Er hat das Markusevangelium gekannt, zum Teil
wörtlich übernommen und dazu noch viele Worte Jesu hinzuge-
fügt, die er einer anderen Tradition entnahm. Weil Matthäus das
Markusevangelium benutzte, setzt man die Entstehung seines
Evangeliums einige Jahre später als Markus an.
Der Evangelist Lukas, ein Heidenchrist, dessen Name im Evangelium nicht erscheint, hat neben Texten, die auch bei Matthäus

und Markus zu finden sind, noch andere Geschichten, besonders Gleichnisse, gekannt, die er seinem Evangelium einfügte. Er verstand sich nicht nur als Verkündiger des Evangeliums sondern bewusst auch als Geschichtsschreiber. Deshalb fügte er dem Evangelium in der Apostelgeschichte die Geschichte der Urkirche und der Mission des Paulus an. Das lukanische Doppelwerk entstand um 80 n. Chr.

Während die drei ersten Evangelien in vielem – oft sogar wörtlich – übereinstimmen, ist das Johannesevangelium ganz anderer Art. Es enthält zwar Begebenheiten aus dem Leben Jesu, über die auch die anderen Evangelien berichten, aber es ist in einem ganz anderen, mehr meditativen Stil verfasst. Jesus spricht nicht wie in den drei ersten Evangelien mit kurzen Worten oder Gleichnissen zu seinen Hörern, sondern in langen Reden, die das Thema, um das es geht, immer wieder umkreisen. Bei Johannes ist deutlich eine ganz eigene Theologie und Auffassung zu spüren. Jesus ist das vom Himmel herabgekommene und Fleisch gewordene Wort Gottes. Wird in den ersten Evangelien die Menschheit Jesu deutlich, so im Johannesevangelium seine Gottheit. Auch im vierten Evangelium wird sein Urheber nicht genannt. Erst später nahm man als seinen Verfasser einen Johannes (wahrscheinlich den Apostel Johannes) an. Nach allgemeiner Auffassung ist das Evangelium nach Johannes um 90 n. Chr. geschrieben worden.

# Der Brief des Paulus an die Römer

# » ... damit er sich aller erbarme.«
## (Röm 11,32)

Paulus hält seine Missionstätigkeit im Osten des Römischen Reiches für abgeschlossen. Jetzt treibt es ihn nach Spanien, in den äußersten Westen. Für die Spanienmission soll die Gemeinde in Rom sein Stützpunkt sein. Deshalb schreibt er der Gemeinde und stellt ihr seine Theologie, den Inhalt seiner Verkündigung vor.
Die Welt steht unter Gottes Zorn. Kein Mensch gibt Gott die Ehre, die ihm gebührt. Den Heiden sagt ihr Gewissen, was recht ist vor Gott. Aber sie halten sich nicht daran. Die Juden haben das Gesetz Gottes. Doch sie folgen ihm nicht. Über Juden wie Heiden herrscht die Macht der Sünde. Keiner kann vor Gottes Gericht bestehen.
Doch in diese Welt der Sünde und des Todes hat Gott seinen Sohn Jesus Christus gesandt. Er schafft durch seinen Tod und seine Auferstehung, was dem Gesetz unmöglich war: Die menschliche Schuld wird gesühnt, Menschen kommen zum Glauben, vertrauen sich mit allem, was sie sind und haben, Christus an, lassen sich taufen und können in der Kraft des Geistes Gottes in einem neuen Leben wandeln. So sind sie Gott recht, so brauchen sie kein Gericht zu fürchten. Das Gesetz kann sie nicht mehr verklagen und die Sünde hat keine Macht mehr über sie. Sie leben in Frieden mit Gott, geborgen in seiner Liebe. Dieser Glaube, dieses Vertrauen zu Gott hat seine Konsequenzen im Alltag.
Das erste Bewährungsfeld ist die christliche Gemeinde. Gott will, dass die Gaben, die er den Glaubenden verliehen hat, von ihnen erkannt und zum Nutzen aller eingesetzt werden. Wichtig ist vor allem, die »Schwachen im Glauben« anzunehmen und zu tragen. Auch die Stellung zur staatlichen Gewalt macht Paulus zum The-

ma. Über allem aber steht als Richtschnur die Liebe. Sie ist des Gesetzes Erfüllung.

Ein besonderes Thema im Römerbrief ist das Verhältnis des jüdischen Volkes zur Christusoffenbarung. Paulus trägt schwer daran, dass nur wenige aus seinem Volk an Christus glauben. Sie halten sich an die göttliche Erwählung Israels, an ihren Stammvater Abraham, an die Beschneidung und an die Erfüllung des göttlichen Gesetzes. Paulus zerschlägt alle diese Argumente und weist immer wieder darauf hin, dass Gerechtigkeit vor Gott allein durch den Glauben an Christus zu erlangen ist. Hat Gott also sein Volk verworfen, weil es nicht an Christus glaubt? Nein, sagt Paulus, das kann nicht sein. Gott kann seine Erwählung nicht zurücknehmen. Israel ist sozusagen nur zurückgestellt, damit die Heiden die Möglichkeit haben zu Gott zu kommen. Wenn die Fülle der Heidenvölker an Christus glaubt, dann wird auch Israel zum Glauben kommen und gerettet werden.

## Lesetipps:

*Kap. 1, 16-17: Das Evangelium als eine Kraft Gottes*

*Kap. 3, 9-31: Alle Menschen sind schuldig vor Gott: Sie werden durch den Glauben gerechtfertigt.*

*Kap. 8: Gottes Geist macht uns zu seinen Kindern; nichts kann uns von seiner Liebe scheiden*

*Kap. 9-11: Gottes Wege mit seinem Volk Israel*

*Kap. 12, 9-21: Ein Leben in der Liebe*

Kernstellen:

**Ich schäme mich des Evangeliums nicht; denn es ist eine Kraft Gottes, die selig macht alle, die daran glauben, die Juden zuerst und ebenso die Griechen. Denn darin wird offenbart die Gerechtigkeit, die vor Gott gilt, welche kommt aus Glauben in Glauben.** Röm 1,16.17

**Denn es ist hier kein Unterschied: Sie sind allesamt Sünder und ermangeln des Ruhmes, den sie bei Gott haben sollten,**

und werden ohne Verdienst gerecht aus seiner Gnade durch
die Erlösung, die durch Christus Jesus geschehen ist.

*Röm 3,23.24*

Ist Gott für uns, wer kann dann wider uns sein? Der auch seinen eigenen Sohn nicht verschont hat, sondern hat ihn für
uns alle dahingegeben – wie sollte er uns mit ihm nicht alles
schenken?

*Röm 8,31.32*

## Der erste Brief des Paulus an die Korinther

# »Das Wort vom Kreuz«
## (1 Kor 1,18)

Das sind beunruhigende Nachrichten, die Paulus aus der von ihm
gegründeten Gemeinde in Korinth erhält. Das Auffallendste: Die
Gemeinde zerfällt in verschiedene Gruppen, die jede für sich in
Anspruch nimmt, die wahre Lehre zu vertreten. Daneben ist ein
Abgleiten verschiedener Gemeindeglieder in ethisch fragwürdige
Bereiche zu beobachten. Da gibt es Blutschande in der Gemeinde.
Rechtsstreitigkeiten werden vor weltlichen Gerichten ausgefoch-
ten, und der Gang zur Dirne scheint fraglos erlaubt zu sein.
Im Gottesdienst geht es hoch her. Die Gemeinde ist reich an göttlichen Gnadengaben, an Weisheit, Wundertaten, Prophetie und
ekstatischer Rede. Das Abendmahl wird gefeiert, jedoch so, dass
es mit einem Sättigungsmahl verbunden ist, von dem die armen
Gemeindeglieder nichts haben, da die Reichen immer schon alles
aufgegessen haben, wenn die Bedürftigen kommen. Merkwürdig
mutet auch an, dass in der Gemeinde die zukünftige Auferstehung in Frage gestellt wird.
Was ist los in der Gemeinde? Paulus hat es klar erkannt: Ein
schwärmerischer Geist hat sich der Gemeindeglieder bemächtigt.
Sie meinen, die Auferstehung habe schon stattgefunden, im Geist

seien sie schon im Himmel. Da ist es dann nicht mehr von Belang, was der Leib noch tut, ob er vor Gericht streitet, ob er Hurerei betreibt oder lieblos mit dem Bruder oder der Schwester umgeht. Wichtig ist der Rausch, wichtig ist die Ekstase im Gottesdienst, wichtig ist der Selbstgenuss des Einzelnen.

Das alles aber kann Paulus nur als grobe Fehlentwicklung sehen. Im Mittelpunkt christlichen Lebens steht nicht der hemmungslose Selbstgenuss, sondern die Predigt des Gekreuzigten, das Wort vom Kreuz. Durch den gekreuzigten und auferstandenen Christus sind wir gerecht gemacht, geheiligt und erlöst. Durch ihn sind wir in die Lage versetzt, Liebe zu üben, Vergebung zu praktizieren, aufeinander zu achten, füreinander zu sorgen und die von Gott gegebenen Gaben zum Aufbau der Gemeinde einzusetzen.

Paulus ruft weg von einer Schwärmerei, die sich schon im Himmel wähnt, hin zum Bruder und zur Schwester auf den dornigen Weg der Nachfolge. Nicht in schwärmerischen Erfahrungen, sondern in der liebevollen Hinwendung zum Nächsten, die auch den Verzicht einschließt, bewährt sich das Christsein in dieser Welt.

## *Lesetipps:*

*Kap. 1,17-31: Die Botschaft vom Kreuz*
*Kap. 5-6: Von Missständen in der Gemeinde*
*Kap. 11,17-34: Vom Abendmahl*
*Kap. 13: Das Hohelied der Liebe*
*Kap. 15: Von der Auferstehung Jesu Christi*

Kernstellen:
Das Wort vom Kreuz ist eine Torheit denen, die verloren werden; uns aber, die wir selig werden, ist's eine Gotteskraft.

1 Kor 1,18

Nun aber bleiben Glaube, Hoffnung, Liebe, diese drei; aber die Liebe ist die größte unter ihnen. 1 Kor 13,13

Hoffen wir allein in diesem Leben auf Christus, so sind wir

die elendesten unter allen Menschen. Nun aber ist Christus auferstanden von den Toten als Erstling unter denen, die entschlafen sind.                                    1 Kor 15,19.20

## Der zweite Brief des Paulus an die Korinther

# »Meine Kraft ist in den Schwachen mächtig.«
## (2 Kor 12,9)

Die Situation in der Gemeinde von Korinth hat sich seit dem 1. Korintherbrief noch weiter zugespitzt. Judenchristliche Lehrer aus Palästina sind in die Gemeinde eingedrungen. Sie beanspruchen für sich die Apostelwürde und bestreiten sie dem Gemeindegründer Paulus. Mit Empfehlungsbriefen anderer Gemeinden ausgestattet, leben und verkündigen sie ein Christentum der Kraft und der Herrlichkeit. Dabei berufen sie sich auf besondere Offenbarungen und Ekstasen, brüsten sich mit ihrer glanzvollen Schriftauslegung und werfen dem Paulus sein schwaches Auftreten vor. Nur aus der Ferne, in seinen Briefen, da sei Paulus mutig und stark.

Paulus antwortet auf diese Vorwürfe mit einer Darstellung seines Dienstes als Apostel. Es geht um die Herrlichkeit des neuen Bundes, den Gott in Christus aufgerichtet hat. Diese Herrlichkeit wird gerade nicht durch die Leiden und Schwäche des Apostels in Frage gestellt, sondern unterstrichen: »Wir haben aber diesen Schatz in irdenen Gefäßen, damit die überschwängliche Kraft von Gott sei und nicht von uns« (2 Kor 4,7), so schreibt er, und dann zählt er auf, welche Mühen, Plagen und Leiden er schon erduldet hat. Da ist der Ausblick auf die himmlische Herrlichkeit ein wirklicher Trost, der den Apostel in seinen Leiden aushalten lässt.

Der Dreh- und Angelpunkt seines Dienstes aber ist die Botschaft von der Versöhnung. Dass Gott in Christus war und die Welt mit sich selber versöhnte, das gilt es weiterzusagen. Als Botschafter an Christi Statt ruft er: »Lasst euch versöhnen mit Gott!« (2 Kor 5,20) Nachdem Paulus in zwei Kapiteln mit unterschiedlichen Argumenten bei den Korinthern dafür geworben hat, sich kräftig an der Sammlung für die armen Christen in der Jerusalemer Urgemeinde zu beteiligen, rechnet er am Ende seines Briefes noch einmal ausdrücklich mit seinen Gegnern ab. Dabei ist er nicht zimperlich. Er wirft ihnen vor, dass sie sich selbst empfehlen, einen anderen Jesus, ein anderes Evangelium predigen. In Wahrheit seien sie gar keine Apostel, sondern betrügerische Arbeiter und Satansdiener.

Dem Rühmen und Protzen seiner Gegner setzt Paulus nochmals seine Leiden und Mühen entgegen. Auch er hat wie die »Überapostel« wunderbare Offenbarungen gehabt. Aber als er den Herrn bat, ihn von einem schweren Leiden zu befreien, bekam er zur Antwort: »Lass dir an meiner Gnade genügen; denn meine Kraft ist in den Schwachen mächtig.« (2 Kor 12,9) So ist das die eigentliche Offenbarung und Wahrheit, deren Paulus sich rühmt: dass Gottes Kraft in der Schwachheit der Menschen zur Vollendung kommt.

## Lesetipps:

*Kap. 3: Der Neue Bund führt zu Leben und Freiheit*
*Kap. 5,11-21: Botschafter der Versöhnung*
*Kap. 12,1-10: Gottes Kraft in den Schwachen*

Kernstellen:

Gott, der sprach: Licht soll aus der Finsternis hervorleuchten, der hat einen hellen Schein in unsre Herzen gegeben, dass durch uns entstünde die Erleuchtung zur Erkenntnis der Herrlichkeit Gottes in dem Angesicht Jesu Christi.   2 Kor 4,6
Ist jemand in Christus, so ist er eine neue Kreatur; das Alte ist vergangen, siehe, Neues ist geworden.                     2 Kor 5,17
Gott war in Christus und versöhnte die Welt mit sich selber und rechnete ihnen ihre Sünden nicht zu und hat unter uns aufgerichtet das Wort von der Versöhnung.          2 Kor 5,19

## Der Brief des Paulus an die Galater

# »Zur Freiheit hat uns Christus befreit!«
## (Gal 5,1)

Wie hatten die Galater aufgeatmet, als Paulus auf seiner Missionsreise mit der Botschaft des Evangeliums zu ihnen kam! Schluss mit dem täglichen Versuch, es irgendwelchen launischen Göttern recht zu machen! Schluss mit dem Versuch, aus eigener Kraft dem Leben einen Sinn und eine Richtung zu geben! Da war Christus, der Sohn des lebendigen Gottes. Und er war von Gott gesandt, die Welt zu beschenken: mit Liebe, Vergebung, Gerechtigkeit. Und vor allem mit einer unglaublichen Freiheit. Keine Sklaven brauchten sie mehr zu sein vor Gott. Kinder waren sie durch den Glauben, Freie, Erben des Reiches Gottes, von Gott anerkannt und in Ehren gehalten. Hocherhobenen Hauptes konnten sie gehen.

Und nun plötzlich dieser Rückfall. Judenchristen aus Jerusalem waren nach Galatien gekommen und hatten verkündet: Christus, gut und schön! Aber da ist auch noch das Gesetz Gottes, auf dem Sinai gegeben. Das muss befolgt werden mitsamt der Beschneidung. Nur so kann man ein Kind Gottes werden.

Die Galater gingen voll auf diese Verkündigung ein. War nicht die ungeheure Freiheit, von der Paulus gepredigt hatte, geradezu unheimlich und undurchführbar? Hatte man jetzt mit dem Gesetz nicht ein festes Geländer, an dem entlang man gehen konnte?

Paulus aber schreibt: Wenn ihr diesen Lehrern folgt, verliert ihr alles. Da hängt am Ende der Sinn eures Lebens und euer Heil von eurer eigenen Leistung ab, von eurem Tun und euren Werken. Und ihr begebt euch erneut in die Sklaverei. Nur die Namen sind ausgetauscht. Vorher waren es eure fordernden Götter, für die man nie genug tun konnte. Jetzt ist es das Gebot vom Sinai, das euch die Freiheit nimmt, weil es letztlich nicht erfüllt werden kann. Wenigstens nicht so, dass ihr euch damit den Himmel verdient.

Deshalb, so ruft Paulus, zurück zum Evangelium, zurück zur Gnade, zurück zum Glauben, zurück zu Christus, der alles schenkt, ohne jede Vorleistung. Nur so kommen wir innerlich zur Ruhe, hört der Zwang zur Selbstrechtfertigung auf. Auch der Zwang, andere herabzusetzen, um so seinen eigenen Wert und seine Wichtigkeit zu beweisen.

Ist das »Gutes-Tun« damit überflüssig geworden? Wenn das Gesetz mir keine Gerechtigkeit und kein Leben verschafft, ist es dann völlig überflüssig? Auf keinen Fall. Es will ja im Grunde nichts anderes als die Tat der Liebe. Doch die wird erst da richtig möglich, wo sie von der Gnade, vom Geist Christi gespeist wird.

## Lesetipps:

*Kap. 3,1-14: Die Predigt vom Glauben schenkt den Geist Gottes, nicht das Tun des Gesetzes*
*Kap. 5: Christus hat uns befreit. Wir können aus der Kraft seines Geistes in der Liebe leben.*

Kernstellen:
Als aber die Zeit erfüllt war, sandte Gott seinen Sohn, geboren von einer Frau und unter das Gesetz getan, damit er die, die unter dem Gesetz waren, erlöste, damit wir die Kindschaft empfingen. Gal 4,4
Zur Freiheit hat uns Christus befreit! So steht nun fest und lasst euch nicht wieder das Joch der Knechtschaft auflegen!
Gal 5,1
Darum, solange wir noch Zeit haben, lasst uns Gutes tun an jedermann, allermeist aber an des Glaubens Genossen.
Gal 6,10

## Der Brief des Paulus an die Epheser

# »... damit wir etwas seien zum Lob seiner Herrlichkeit.«
## (Eph 1,12)

Hier redet einer, dem hat es eigentlich die Sprache verschlagen. Zu groß, zu gewaltig, zu herrlich ist das, was ihm offenbart worden ist und was er nun uns mit menschlichen Worten weiterzugeben versucht.

Um Christus geht es, um das, was er für uns, für die Gemeinde, für die ganze Welt getan hat. Es geht um die Erlösung von unserer Schuld, um die Vergebung der Sünden, um den unbeschreiblichen Reichtum der Gnade und Herrlichkeit, die durch ihn in unsere Welt gekommen ist.

Durch ihn, den auferstandenen Herrn, sind auch wir, wenn wir seinem Wort Glauben schenken, auferweckt aus dem Tod der Gottesferne, versetzt in den Himmel seiner Liebe und bestimmt zu Erben seiner ewigen Herrlichkeit.

Jesus Christus ist der Herr, der Herr der ganzen Welt und der Herr seiner Gemeinde, in der alle trennenden Mauern eingerissen sind und Juden und Heiden gemeinsam ihn als den Friedensbringer und Versöhner loben können.

Dass Christi Herrlichkeit in seiner Gemeinde immer mehr an Gestalt gewinnt und Glaube und Liebe in den Gliedern der Gemeinde wachsen, darum betet der Apostel. Denn wo Glaube und Liebe das Zepter führen, da ist auch die Einheit nicht fern. Wie könnte es auch anders sein, wo es nur *einen* Herrn, *einen* Glauben und *eine* Taufe gibt.

Herrlich ist Christus, herrlich der Reichtum seiner Gnade. Aber noch sind wir nicht im Himmel, noch sind wir angefochten und bedrängt. Immer wieder gilt es, den alten Menschen auszuziehen wie abgetragene Kleider und mit ihm Zorn und Bitterkeit, Lästerung und Geschrei, Unzucht und Habsucht fortzutun. Denn all das gehört letztlich der Vergangenheit an. Vor uns aber liegt Gottes Herrlichkeit. Von ihr her strahlt sein Licht schon heute auf unseren Weg und gibt uns Kraft zur Güte, Gerechtigkeit und Wahrheit.

Das ist nicht nur theoretisch gemeint, sondern will sich bewähren in Ehe und Familie und in dem Verhältnis zu Hausgenossen und Arbeitskollegen. Nein, leicht ist das neue Leben nicht. Wir sind und bleiben den Angriffen des Bösen und der Sünde ausgesetzt. Doch wir stehen nicht allein. Mit uns ist der Herr, der uns als die Seinen mit den Waffen seines Geistes ausrüstet, damit wir dem Bösen widerstehen können und unser Leben seine Bestimmung erlangt, nämlich »etwas zu sein zum Lob seiner Herrlichkeit«.

## Lesetipps:

*Kap. 1,3-14: Christus hat uns erlöst und zu Erben seiner Herrlichkeit gemacht*
*Kap. 4,17-32: Das neue Leben in Christus*
*Kap. 5,1-6,17: Christsein im Alltag*

Kernstellen:

Gott, der reich ist an Barmherzigkeit, hat in seiner großen Liebe, mit der er uns geliebt hat, auch uns, die wir tot waren in den Sünden, mit Christus lebendig gemacht; und er hat uns mit auferweckt und mit eingesetzt im Himmel in Christus Jesus. Eph 2,4-6

So seid ihr nun nicht mehr Gäste und Fremdlinge, sondern Mitbürger der Heiligen und Gottes Hausgenossen, erbaut auf den Grund der Apostel und Propheten, da Jesus Christus der Eckstein ist. Eph 2,19

Erneuert euch aber in eurem Geist und Sinn und zieht den neuen Menschen an, der nach Gott geschaffen ist in wahrer Gerechtigkeit und Heiligkeit. Eph 4,23.24

## Der Brief des Paulus an die Philipper

# »Freuet euch in dem Herrn allewege!«
## (Phil 4,4)

Wer zu Paulus und seiner Theologie einen Zugang gewinnen möchte, sollte zuerst zum Philipperbrief greifen. Denn erstens ist er nicht zu lang, er ist überschaubar. Vor allem aber strahlt kaum ein Brief des Neuen Testaments so viel Freude aus wie dieser. Kaum ein Apostelbrief macht uns heute so viel Mut zum Glauben.

Paulus sitzt zwar im Gefängnis, seine Lage ist nicht ungefährlich, vielleicht endet die Gefangenschaft sogar mit seiner Hinrichtung. Trotzdem findet er immer neue Gründe zur Freude. Der wichtigste Grund lautet: Der Herr ist nahe. Er wird sein angefangenes Werk vollenden und alles, was seinem Heilsplan entgegensteht, überwinden. Am Ende wird jede Zunge bekennen, dass Jesus Christus der Herr ist, zur Ehre Gottes, des Vaters. Aber nicht nur die Wiederkunft Christi ist nahe. Der Herr ist den Seinen auch jetzt schon nahe, mitten in Anfechtung, Leiden und Todesgefahr.

So kann Paulus sich freuen über den Zustand der Gemeinde in Philippi, er kann sich freuen, dass Gott selbst seine Gefangenschaft benutzt, dass Menschen Zuversicht im Glauben gewinnen und ohne Scheu das Evangelium verkündigen. Und er kann sich freuen, dass die christliche Liebe die Philipper veranlasst hat, ihm das zu schicken, was er für seinen Lebensunterhalt braucht.

Allerdings gilt es auch für die Gemeinde in Philippi, nicht nachzulassen im Glauben, festzuhalten am Wort des Lebens. »Schaffet, dass ihr selig werdet mit Furcht und Zittern«, so fordert Paulus die Gemeinde auf, um aber gleich hinzuzufügen: Es liegt nicht an unserer eigenen Kraft. Gott ist es, der Wollen und Vollbringen nach seinem Wohlgefallen wirkt. Seinem Handeln sollen wir uns öffnen.

In aller Freude bewegt den Paulus aber auch eine Sorge. Wie andere Gemeinden auch, so ist die Gemeinde in Philippi von judenchristlichen Eiferern bedroht, die eine neue Gesetzesfrömmigkeit einführen wollen. Doch die Gerechtigkeit vor Gott kommt nicht »aus dem Gesetz, sondern durch den Glauben an Christus« (Phil 3,9) Paulus wiederholt hier, was er im Römer- und Galaterbrief breit ausgeführt hat.

Dem Ziel nachjagen, versuchen, es zu ergreifen, und dabei wissen, dass wir längst schon von Christus ergriffen sind, so sieht ein Leben in der Nachfolge Christi aus. Über allem aber steht die Freude an Gott, der Dank für seine Liebe und der Friede Gottes, der all unser Begreifen bei weitem übersteigt.

## Lesetipps:

*Kap. 2,1-11: In der Gemeinschaft mit Christus leben. Der Weg des Christus*

*Kap. 3,12-21: Dem Ziel entgegen*

*Kap. 4,4-6: Die Freude im Herrn*

Kernstellen:

Ich bin darin guter Zuversicht, dass der in euch angefangen hat das gute Werk, der wird's auch vollenden bis an den Tag Christi Jesu.       Phil 1,5

Schaffet, dass ihr selig werdet, mit Furcht und Zittern. Denn Gott ist's, der in euch wirkt beides, das Wollen und das Vollbringen, nach seinem Wohlgefallen.       Phil 2,13

Ich vergesse, was dahinten ist, und strecke mich aus nach dem, was da vorne ist, und jage nach dem vorgesteckten Ziel, dem Siegespreis der himmlischen Berufung Gottes in Christus Jesus.       Phil 3,13.14

Freuet euch in dem Herrn allewege, und abermals sage ich: Freuet euch!       Phil 4,4

## Der Brief des Paulus an die Kolosser

# »In Christus wohnt die ganze Fülle der Gottheit leibhaftig.«
## (Kol 2,9)

Wer bestimmt unser Leben, wer ist der Dreh- und Angelpunkt der Welt und ihrer Geschichte? Ist es Christus oder sind es Engelmächte, Weltelemente, die unser Schicksal bestimmen und die wir durch Beachtung besonderer Vorschriften günstig stimmen müssen? Vor diese Frage sah sich die Gemeinde in Kolossä gestellt, als plötzlich Lehrer in ihr auftraten, die eine Verehrung von Engelmächten forderten.

Die Antwort des Paulus ist klar und eindeutig. Christus, er allein ist es, auf den alles ankommt. Es gibt außer ihm keine anderen Mächte oder Gewalten, von denen wir abhängig wären oder denen wir zu gehorchen hätten. Denn Christus ist das Ebenbild Gottes. Alles ist durch ihn und um seinetwillen geschaffen. Er ist das Haupt von allem, auch das Haupt der Kirche, die sein Leib ist. Durch seinen Tod am Kreuz hat er Frieden geschaffen zwischen Gott und den Menschen. Er ist der Erstgeborene einer neuen Schöpfung. Keiner, der sich zu ihm hält, hat Grund, sich vor irgendeiner anderen Macht zu fürchten.

Wer an Jesus Christus glaubt, ist mit ihm gestorben und auferweckt. So kann er auch in einem neuen Leben wandeln. Alle Laster und Sünden können in der Gemeinschaft mit Christus ausgezogen und dafür Erbarmen, Freundlichkeit, Sanftmut und Geduld wie ein neues Kleid angezogen werden.

Das sind große und hohe Worte, so groß und so hoch, dass es schwer ist, sie auf das persönliche Leben zu beziehen. Paulus weiß das. Aber wie anders soll er von Christus reden? Er kann doch nicht seine Größe, Macht und Herrlichkeit verkleinern! Und doch hat Paulus unseren Alltag nicht vergessen. In einer »Haustafel« mit einer Handlungsanweisung für alle Mitglieder einer Hausgemeinschaft versucht er, die Konsequenzen für den Alltag zu ziehen.

Wie können wir bezeugen, dass Christus der wahre Herr der ganzen Welt ist? Indem Mann und Frau in der Ehe liebevoll und mit Verständnis miteinander umgehen, indem Kinder ihren Eltern gehorchen, indem Eltern ihre Kinder durch ihr Unverständnis nicht in die Verbitterung treiben, indem Herren und Sklaven – heute würden wir vielleicht von Arbeitgebern und Arbeitnehmern reden – bei ihrem Befehlen und Gehorchen nicht den Herrn im Himmel vergessen. Alles, was ihr tut, so fasst Paulus zusammen, das tut nicht in Angst vor irgendwelchen Schicksalsmächten, sondern im Namen des Herrn Jesus. Ihm gebührt Dank und Ehre und Anbetung.

## Lesetipps:

*Kap. 2: In Christus haben wir alles*
*Kap. 3,1-17: Das neue Leben in Christus*

Kernstellen:
In Christus liegen verborgen alle Schätze der Weisheit und der Erkenntnis. Kol 2,3
Trachtet nach dem, was droben ist, nicht nach dem, was auf Erden ist. Denn ihr seid gestorben, und euer Leben ist verborgen mit Christus in Gott. Wenn aber Christus, euer Leben, sich offenbaren wird, dann werdet ihr auch offenbar werden mit ihm in Herrlichkeit. Kol 3,2.3
Alles, was ihr tut mit Worten oder mit Werken, das tut alles im Namen des Herrn Jesus und dankt Gott, dem Vater, durch ihn. Kol 3,17

## Die beiden Briefe des Paulus an die Thessalonicher

# »Wir werden bei dem Herrn sein allezeit.«
## (1 Thess 4,17)

Das kann man sich heute gar nicht mehr vorstellen: So sehr lebte die Gemeinde in Thessalonich in der Erwartung der Wiederkunft Christi, dass die Gemeindeglieder ganz erschrocken waren, als einige von ihnen starben und der Herr immer noch nicht wiedergekommen war. Was würde nun mit den Verstorbenen werden, würden sie verloren sein, wenn der Herr kommt und die Seinen in sein Reich holt?

Offensichtlich hatte Paulus über das Thema der Auferstehung bei der Gründung der Gemeinde überhaupt nicht gesprochen. Anschaulich schildert er in seinem Brief, wie es damals bei der Gemeindegründung war, wie er die Menschen aufgefordert hatte, sich von ihren Göttern abzukehren, um dem lebendigen und wahren Gott zu dienen und auf den auferstandenen Herrn Jesus Christus zu warten. Paulus denkt voller Dankbarkeit an diese Zeit zurück und freut sich, Gutes vom Glauben und der Liebe der Gemeinde zu hören. Er ermahnt die Thessalonicher, auch im Leiden an ihrem Glauben festzuhalten und ein geheiligtes und »ehrbares« Leben zu führen, erfüllt mit Bruderliebe.

Aber das alles ist noch keine Antwort auf die Frage nach den Verstorbenen. Deshalb geht Paulus jetzt ausführlich darauf ein. Er schreibt: »Wenn wir glauben, dass Jesus gestorben und auferstanden ist, so wird Gott auch die, die entschlafen sind, durch Jesus mit ihm einherführen.« (1 Thess 4,14) Wenn Jesus wiederkommen wird, dann haben die Lebenden den Toten nichts voraus. »Wir werden bei dem Herrn sein allezeit.« (1 Thess 4,17) Das gilt für alle, die auf ihn hoffen. Damit können sich die Thessalonicher untereinander trösten.

Die Frage nach der Wiederkunft Christi wird im zweiten Thessalonicherbrief erneut aufgenommen. Immer noch ist die Gemeinde in gespannter Erwartung auf das Kommen des Herrn. Einige haben sogar aufgehört zu arbeiten, weil sich das wegen der Kürze der Zeit nicht mehr lohne. Damit ist Paulus nicht einverstanden: »Wer nicht arbeiten will, der soll auch nicht essen.« (2 Thess 3,10) So schnell, wie die Thessalonicher es meinen, geht es mit der Wiederkunft Christi nicht. Erst muss noch der Widersacher Christi mit lügenhaften Zeichen und Wundern auftreten, bevor der Tag des Herrn und die Vereinigung mit ihm kommt. – Was er in seinem ersten Brief voller Freude feststellen konnte, dazu ruft Paulus die Gemeinde in seinem zweiten Brief auf: »Steht nun fest, liebe Brüder, haltet euch an die Lehre, in der ihr durch uns unterwiesen worden seid.« (2 Thess 2,15)

## Lesetipps:

*1 Thess 4,13-5,11: Die Auferstehung der Toten und die Wiederkunft Christi*

Kernstellen:
Gott hat uns nicht bestimmt zum Zorn, sondern dazu, das Heil zu erlangen durch unsern Herrn Jesus Christus, der für uns gestorben ist, damit, ob wir wachen oder schlafen, wir zugleich mit ihm leben. 1 Thess 5,9.10
Er aber, der Gott des Friedens, heilige euch durch und durch und bewahre euren Geist samt Seele und Leib unversehrt, untadelig für die Ankunft unseres Herrn Jesus Christus.

1 Thess 5,23
Der Herr ist treu; der wird euch stärken und bewahren vor dem Bösen. 2 Thess 3,3

## Die Briefe des Paulus an Timotheus und Titus

# »Gott will, dass allen Menschen geholfen werde.«
## (1 Tim 2,4)

»Ein Bischof soll kein Säufer sein, nicht gewalttätig, sondern gütig, nicht streitsüchtig, nicht geldgierig.« (1 Tim 3,3) So heißt es an einer Stelle im 1. Timotheusbrief. Ähnliches findet sich auch im Brief an Titus. Schon daraus wird ersichtlich: Die Timotheusbriefe und der Titusbrief gehören zusammen. Sie sind zu einem guten Teil Anweisungen für Bischöfe, Diakone, Älteste und Gemeindeglieder. Man kann diese Ausführungen unter dem Stichwort »Gemeindeordnung« zusammenfassen. Der Apostel gibt seinen Mitarbeitern Timotheus in Ephesus und Titus in Kreta Hinweise, wie die Gemeinde Gottes richtig zu leiten ist, nach welchen Regeln sie zu leben hat.

Dabei ist es wichtig, dass alle ethischen Anweisungen in der Offenbarung Jesu Christi begründet sind. Christus ist in die Welt gekommen, um Sünder selig zu machen. Er hat dem Tod die Macht genommen. In ihm ist die heilsame Gnade Gottes allen Menschen erschienen.

Der Apostel wird nicht müde, diese Offenbarung Christi zu rühmen. Aber auch das ist für ihn klar: Wer von der Gnade Gottes in Christus ergriffen ist, kann nicht mehr der Alte bleiben. Gottes Menschenfreundlichkeit will Gestalt gewinnen in jedem einzelnen Christen.

Es fällt auf, dass in den drei Briefen das Amt der Gemeindeleitung viel stärker betont wird als in den übrigen Paulusbriefen. Das hat seinen Grund darin, dass inzwischen Irrlehrer mit ihren Sonderlehren, die nichts mit der Offenbarung Jesu Christi zu tun haben, mehr und mehr in den Gemeinden an Einfluss gewinnen.

So sind Gemeindeleiter, Bischöfe, Diakone, Älteste nötig, um die Gemeinde beim »Wort der Wahrheit« (2 Tim 2,15) festzuhalten. Ebenso ist es wichtig, dass diese Gemeindeleiter ein vorbildliches Leben führen, damit sich die Gemeindeglieder daran orientieren können. Denn neben Irrlehren, die Paulus nicht näher darlegt – er spricht unter anderem von »Fabeln und Geschlechtsregistern, die kein Ende haben« (1 Tim 1,4) –, macht er den Irrlehrern ihren schlechten Lebenswandel, besonders ihre Geldgier, zum Vorwurf. Paulus wünscht sich nichts sehnlicher, als dass die Gemeinden ihren Glauben an Christus bis ans Ende bewahren, die praktischen Konsequenzen daraus ziehen und auch bereit sind, um des Evangeliums willen Verfolgung und Leiden zu ertragen.

Das »Wort der Wahrheit« festhalten und sich mit guten Werken hervortun: So einfach und zugleich so anspruchsvoll wird hier von Paulus die Botschaft des Evangeliums zusammengefasst.

## *Lesetipps:*

*1 Tim 1,12-17: Christus ist in die Welt gekommen, um Sünder selig zu machen*

*1 Tim 2,8-15: Das Leben in der Gemeinde*

*1 Tim 6,6-16: Den guten Kampf des Glaubens kämpfen*

*2 Tim 2,1-13: Aushalten in Kampf und Leiden*

*Tit 2,11-15: Gottes Gnade ist erschienen*

Kernstellen:

Gott will, dass allen Menschen geholfen werde und sie zur Erkenntnis der Wahrheit kommen. 1 Tim 2,4

Groß ist das Geheimnis des Glaubens: Er ist offenbart im Fleisch, gerechtfertigt im Geist, erschienen den Engeln, gepredigt den Heiden, geglaubt in der Welt, aufgenommen in die Herrlichkeit. 1 Tim 3,16

Jesus Christus hat dem Tode die Macht genommen und das Leben und ein unvergängliches Wesen ans Licht gebracht durch das Evangelium. 2 Tim 1,10

Ich habe den guten Kampf gekämpft, ich habe den Lauf vollendet, ich habe Glauben gehalten; hinfort liegt für mich bereit die Krone der Gerechtigkeit, die mir der Herr, der gerechte Richter, an jenem Tag geben wird, nicht aber mir allein, sondern auch allen, die seine Erscheinung lieb haben.

2 Tim 4,7.8

Es ist erschienen die heilsame Gnade Gottes allen Menschen.

Tit 2,11

## Der Brief des Paulus an Philemon

# »Mehr als ein Sklave: ein geliebter Bruder«
## (Phlm 16)

Dies ist der einzige wirkliche Privatbrief, der uns von Paulus überliefert ist. Alle anderen Briefe hat Paulus an Gemeinden oder Gemeindeleiter gerichtet.

Der Adressat ist Philemon. Unter der Predigt des Paulus war er ein Christ geworden. Offensichtlich ist Philemon nicht unbemittelt. Denn er ist ein Besitzer von Sklaven. Und einer dieser Sklaven, Onesimus mit Namen, ist seinem Herrn Philemon entflohen und hat bewusst oder durch Zufall den Weg zu Paulus gefunden.

Dort, bei Paulus, wird auch Onesimus Christ. Und nun sendet Paulus den bekehrten Sklaven zu seinem Herrn zurück. Paulus verschweigt nicht, dass er den Onesimus gerne bei sich behalten hätte als Helfer bei der Evangeliumsverkündigung. Aber er will das nicht ohne die Einwilligung Philemons tun. Erst gilt es, die Angelegenheit mit der Flucht zu klären, dann können weitere

Pläne gefasst werden.

Paulus legt Fürsprache für den entflohenen Sklaven ein. Er bringt sein eigenes Alter und seinen derzeitigen Gefängnisaufenthalt in Anschlag, um seiner Bitte für Onesimus Nachdruck zu verleihen. Vor allem aber kommt ja Onesimus nicht mehr als derselbe zurück, als der er entflohen ist. Er ist jetzt mehr als ein Sklave, nämlich ein Bruder in Christus – für Paulus und auch für Philemon. Obwohl Paulus selbst auf die Unterstützung anderer angewiesen ist, erklärt er sich ausdrücklich bereit, für allen Schaden aufzukommen, den Onesimus durch seine Flucht angerichtet hat. Und er lässt Philemon nicht im Unklaren darüber, dass er damit rechnet, dass Onesimus wieder zu Paulus zurückkehrt.

Offensichtlich ist das auch geschehen, denn im Kolosserbrief schreibt Paulus davon, dass er zusammen mit Tychikus den Onesimus nach Kolossä senden will. Er ist also zu einem Mitarbeiter des Paulus geworden.

Der Brief beeindruckt durch seine Menschlichkeit und die Fürsorge für einen Sklaven, der Christ geworden ist. Damit ist das Problem der damals selbstverständlichen und auch von Paulus nicht angezweifelten Sklaverei noch in keiner Weise angegangen oder gar überwunden. Aber es zeigt sich doch schon ansatzweise, dass die brüderliche Gemeinschaft unter dem einen Herrn Jesus Christus letztlich nicht mit der Versklavung von Menschen zu vereinbaren ist. Allerdings hat es dann noch viele Jahrhunderte gedauert, bis diese Erkenntnis zur tatsächlichen Abschaffung der Sklaverei führte.

**Kernstelle:**
**Wenn er aber dir Schaden angetan hat oder etwas schuldig ist, das rechne mir an. Ich, Paulus, schreibe es mit eigener Hand: Ich will's bezahlen; ich schweige davon, dass du dich selbst mir schuldig bist.** **Phlm 18.19**

# Die Briefe des Apostels Paulus

Paulus hat die Gemeinden, die er als urchristlicher Apostel und Missionar gegründet hat, immer schon bald nach der ersten Konsolidierung verlassen, um dann in Briefen mit diesen Gemeinden den Kontakt aufrechtzuerhalten.

Der älteste Paulusbrief ist der erste Thessalonicherbrief. Er wurde von Paulus ca. 50 n. Chr. geschrieben. Der jüngste Paulusbrief ist nach der Meinung vieler Neutestamentler der Römerbrief, der 56 oder 58 n. Chr. geschrieben wurde. Demnach sind die anderen Paulusbriefe in der Zeit zwischen 50 und 58 n. Chr. entstanden.

Schwierigkeiten bereiten auf Grund ihres besonderen Stils, ihrer spezifischen Angaben, ihrer etwas anderen Theologie der Epheser- und der Kolosserbrief, der zweite Thessalonicherbrief und die Briefe an Timotheus und Titus. Endgültige Angaben sind hier nicht zu machen. Es ist möglich, dass sich Paulus im Kolosser- und Epheserbrief einer anderen Sprache bedient als z. B. in den Briefen nach Korinth, Galatien und Rom und doch ihr Autor ist. Es kann aber auch sein, was damals durchaus üblich und keineswegs eine Fälschung war, dass diese beiden Briefe nach Paulus Tod von seinen Schülern in seinem Namen und unter seiner Autorität geschrieben wurden. Dasselbe gilt für den zweiten Thessalonicherbrief.

Will man die Briefe an Timotheus und Titus dem Paulus und nicht einer Paulusschule zuschreiben, kann man sie zeitlich nur einordnen, wenn man annimmt, dass Paulus noch einmal aus der Gefangenschaft in Rom frei kam. Er hätte diese Briefe dann in den Jahren 66 und 67 geschrieben.

## Der 1. Petrusbrief

# »Freut euch, dass ihr mit Christus leidet.«
## (1 Petr 4,13)

Zwei Begriffe prägen den ersten Petrusbrief und kehren immer wieder: Fremdlingsschaft und Leiden.

Das war eine Grunderfahrung der frühen Christen: Sie waren in der Welt der heidnischen Religionen nicht mehr zu Hause. Als Nachfolger Jesu, als Diener des unsichtbaren Gottes, paßten sie nicht mehr in das gewohnte Schema. Erst trafen sie befremdete Blicke der Nachbarn, dann kam es zu Sticheleien, zu Übergriffen der Behörden, und am Ende stand die staatlich angeordnete Christenverfolgung. Von Verfolgung kann zu diesem Zeitpunkt zwar noch keine Rede sein, aber die Christen machen die Erfahrung, dass Nachfolge Jesu immer auch Leidensnachfolge bedeutet.

Da ist es gut, dass Petrus den entmutigten Gläubigen klar vor Augen führt, wer sie in Wirklichkeit sind. Nicht nur eine verachtete und bedrängte religiöse Minderheit, sondern Gottes auserwähltes Geschlecht, sein heiliges Volk. Sie sind es, die Christus mit seinem Blut erlöst und durch seine Auferstehung zu einer lebendigen Hoffnung wiedergeboren hat. Wie sollten sie da verzagen! Wie sollten sie da nicht weitersagen, was Gott an ihnen getan hatte!

Aus dieser Erwählung durch Gott ergeben sich aber auch Konsequenzen im Alltag. Vor allem läßt es die Leiden, denen man ausgesetzt ist, in einem neuen Licht sehen. Hatte Christus nicht auch unschuldig gelitten? War es da nicht selbstverständlich, dem Herrn zu folgen und alles Gott anheimzustellen, der gerecht richtet, statt sich zu rächen und zu vergelten? Auch wenn Mitbürger und Staat sich nicht korrekt verhielten, ein Christ sollte bestrebt sein, als rechtschaffener Bürger zu leben.

Verschiedene »Stände« stellt Petrus in seinem Brief besonders heraus. Da sind zunächst die Sklaven, die um Jesu willen auch den schwierigen Herren gehorchen sollen. Dann kommen die Frauen, die sich ihren Männern, und die Jüngeren, die sich den Älteren zu fügen haben. Die damalige Gesellschaftsstruktur stellt Petrus noch nicht in Frage. Aber wenn er von den Frauen schreibt, sie seien Miterben der Gnade des Lebens, dann zeigt sich schon, dass der Glaube die altgefügten Strukturen zu verändern beginnt.

Wichtig ist dem Petrus schließlich noch das Leben in der Gemeinde selbst. Die Bruderliebe wird groß geschrieben, ebenso die Gastfreundschaft. Und weil Christus uns mit seinem Leben und Sterben gedient hat, können auch wir einander dienen mit den Gaben, die Gott uns gegeben hat.

## Lesetipps:

*Kap. 1,3-9: Wir haben eine lebendige Hoffnung*

*Kap. 3,1-17: Mahnungen an Männer und Frauen und die ganze Gemeinde*

*Kap. 4,12-19: Mit Christus leiden*

---

Kernstellen:

Gelobt sei Gott, der Vater unseres Herrn Jesus Christus, der uns nach seiner großen Barmherzigkeit wiedergeboren hat zu einer lebendigen Hoffnung durch die Auferstehung Jesu Christi von den Toten. 1 Petr 1,3

Vergeltet nicht Böses mit Bösem oder Scheltwort mit Scheltwort, sondern segnet vielmehr, weil ihr dazu berufen seid, dass ihr den Segen ererbt. 1 Petr 3,9

Dient einander, ein jeder mit der Gabe, die er empfangen hat, als die guten Haushalter der mancherlei Gnade Gottes.

1 Petr 4,10

Der zweite Petrusbrief

# »Der Herr verzögert nicht die Verheißung.«
## (2 Petr 3,9)

Der zweite Petrusbrief klingt wie ein Vermächtnis des Apostels. Kurz vor seinem Tod möchte er den Gemeinden noch ein ermahnendes und tröstendes Wort sagen.

Die Thematik dieses Briefes unterscheidet sich sehr vom ersten Petrusbrief. Ging es dort vor allem um die Gefahren, die der Gemeinde und dem Einzelnen von außen, von der Umwelt her drohten, so kommt jetzt die Bedrohung aus der Gemeinde selbst. Da sind nämlich Irrlehrer aufgetreten, die vor allem die Frage stellen: Wie ist das mit der Wiederkunft Christi? Was für ein Verlass ist auf die christliche Verkündigung, wenn das verheißene Kommen Christi ausbleibt?

Bevor der Apostel auf diese Frage antwortet, weist er sich als Augen- und Ohrenzeuge der Offenbarung aus. Bei der Verklärung hat er Jesus schon in seiner himmlischen Herrlichkeit gesehen und die Stimme Gottes gehört, die sagte: »Dies ist mein lieber Sohn, an dem ich Wohlgefallen habe.« (1 Petr 1,17)

Es ist also nicht Phantasterei, wenn er den Fragen und Zweifeln der Irrlehrer, die er mit scharfen Worten verurteilt, eine feste und klare Antwort entgegensetzt:

Christus kommt wieder. Ganz gewiss tut er das. Doch Gottes Uhren gehen anders als unsere. Vor ihm sind tausend Jahre wie ein Tag und ein Tag wie tausend Jahre. Wie können wir da ungeduldig werden? Es ist ein Zeichen göttlicher Liebe und Geduld, wenn Christus mit seiner Wiederkunft noch auf sich warten lässt. Gott gibt uns Raum und Zeit zur Buße. Er »will nicht, dass jemand verloren werde, sondern dass jedermann zur Buße finde«. (2 Petr 3,9)

Wann Christus allerdings kommt, das lässt sich nicht berechnen. Er kommt »wie ein Dieb« – und mit ihm das Ende der Welt. Himmel und Erde werden vergehen, und die Erde und ihre Bewohner »werden ihr Urteil finden«. (2 Petr 3,10)

Doch Gottes Gnade reicht weiter als sein Gericht. Wer am Glauben, dem Weg der Wahrheit und der Gerechtigkeit festhält, wer die Geduld bewahrt, wer es ernst meint mit der brüderlichen Liebe und der Liebe zu allen Menschen, dem gilt die Verheißung eines neuen Himmels und einer neuen Erde, in denen Gerechtigkeit wohnt.

## Lesetipp:

*Kap. 3, 1-13: Der Herr kommt gewiss*

Kernstellen:

Alles, was zum Leben und zur Frömmigkeit dient, hat uns seine göttliche Kraft geschenkt durch die Erkenntnis dessen, der uns berufen hat durch seine Herrlichkeit und Kraft.

2 Petr 1,3

Um so fester haben wir das prophetische Wort, und ihr tut gut daran, dass ihr darauf achtet als auf ein Licht, das da scheint an einem dunklen Ort, bis der Tag anbreche und der Morgenstern aufgehe in euren Herzen. 2 Petr 1,19

Wir warten aber auf einen neuen Himmel und eine neue Erde nach seiner Verheißung, in denen Gerechtigkeit wohnt.

2 Petr 3,13

## Die Briefe des Johannes

# »Das Leben ist erschienen.«
## (1 Joh 1,2)

Eine großartige Nachricht: Das Leben ist erschienen, wirkliches, wahres Leben ist möglich geworden. Durch wen? Durch Jesus Christus, der das Licht des ewigen Gottes in unsere Welt brachte, der Mensch geworden ist wie wir und als Gottes Sohn die Werke des Teufels zerstört hat.

Wer an diesen Mensch gewordenen Gottessohn glaubt, der ist im Licht, wie Gott im Licht ist, der hat das Leben gewonnen, dem kann der Böse nichts mehr anhaben, denn er hat die Welt, die unter der Herrschaft des Bösen ist, überwunden.

Wichtig ist dabei, dass das Leben nur zu ergreifen und zu gewinnen ist, wenn wir daran festhalten, dass Jesus wahrhaft Mensch geworden ist. Die Auffassung, dass Christus vielleicht nur eine Idee vom Guten im Menschen ist und dass dieses Gute nur geweckt zu werden braucht – eine Auffassung, die damals wie heute aktuell ist –, führt in die Irre und am Leben vorbei. Wir können nicht an Gott glauben ohne den Mensch gewordenen Gottessohn. Rettung kommt niemals aus uns selbst, sondern immer nur von außen. Nur durch Jesus Christus, der »in das Fleisch gekommen ist« (1 Joh 4,2), haben wir Zugang zu dem Leben, das Gott gibt.

Wer an Christus glaubt, wandelt im Licht, er ist Gottes Kind. Aber noch leben wir in der Anfechtung, noch ist nicht erschienen, was wir sein werden, noch sind wir nicht am Ziel. Immer noch sind wir den Angriffen der Sünde ausgesetzt. Aber wir sind ihr nicht hilflos ausgeliefert. Sie einfach zu leugnen, so zu tun, als gäbe es sie nicht, hilft nicht weiter. Doch wer seine Sünde bekennt, hat in Christus einen Fürsprecher bei Gott dem Vater. Er vergibt uns und reinigt uns von aller Ungerechtigkeit.

Bei all dem Gesagten ist ein wichtiges Anliegen der Johannesbriefe noch nicht erwähnt: das Gebot der Bruderliebe. Merkwürdigerweise geht das Hand in Hand: die Leugnung der Menschheit Christi und die Lieblosigkeit dem Bruder gegenüber. Wer im Gottessohn Jesus Christus seinen Menschenbruder erkennt, findet ihn in allen Notleidenden wieder und kann nicht an ihnen vorübergehen. Und umgekehrt: Wer Christus nur als Initialzündung für ein besseres Leben versteht, das schon immer in ihm verborgen war, ist so mit sich selbst beschäftigt, dass er den Nächsten übersieht. Darum heißt es im ersten Johannesbrief: »Dies Gebot haben wir von ihm, dass, wer Gott liebt, dass der auch seinen Bruder liebe.« (1 Joh 4,21) So wird mitten in unserem Alltag sichtbar, dass das Leben erschienen ist.

## Lesetipps:

*1. Johannes 3: Als Gottes geliebte Kinder in der Liebe leben*
*1. Johannes 4,7-21: Von der Liebe Gottes und der Liebe zum Bruder*

Kernstellen:
Wenn wir sagen, wir haben keine Sünde, so betrügen wir uns selbst, und die Wahrheit ist nicht in uns. Wenn wir aber unsre Sünden bekennen, so ist er treu und gerecht, dass er uns die Sünden vergibt und reinigt uns von aller Ungerechtigkeit.
1 Joh 1,8
Darin ist erschienen die Liebe Gottes unter uns, dass Gott seinen eingebornen Sohn gesandt hat in die Welt, damit wir durch ihn leben sollen.
1 Joh 4,9
Gott ist die Liebe; und wer in der Liebe bleibt, der bleibt in Gott und Gott in ihm.
1 Joh 4,16

## Der Brief an die Hebräer

# »Lasst uns festhalten an dem Bekenntnis!«
## (Hebr 10,23)

Als wäre er an uns gerichtet und in unsere heutige Situation hinein geschrieben, so liest sich der Hebräerbrief an einigen Stellen. Da heißt es, dass Christen »die Versammlungen verlassen« (Hebr 10,25). Und es ergeht die Aufforderung, »die müden Hände und die wankenden Knie« zu stärken (Hebr 12,12). Hier ist also eine Christengemeinde angeredet, die müde geworden ist, müde im Glauben. Keine äußere Verfolgung droht wie in früherer Zeit. Der Feind kommt vielmehr von innen mit der bohrenden Frage: Wo ist Gott, was ist von seinen Verheißungen zu halten, wenn doch so wenig oder gar nichts von seiner Macht in dieser Welt und im persönlichen Leben zu sehen ist?
Mit dieser Frage steht ihr nicht allein, sagt der Hebräerbrief. Das war schon immer die Situation der Menschen, die ihr Vertrauen auf Gott setzten. Und er zählt eine lange Reihe von Glaubenszeugen aus dem Alten Testament auf. Sie alle hatten letztlich nichts als das Wort der göttlichen Verheißung, und dennoch hielten sie aus, warfen sie ihr Vertrauen auf Gott nicht weg.
Doch da ist nicht nur diese Schar der Zeugen aus dem Alten Testament, die zum Festhalten am Bekenntnis und am Glauben ermutigt, da ist vor allem Jesus Christus selbst, der Anfänger und Vollender des Glaubens. Der Hebräerbrief wird nicht müde, ihn, Jesus, seinen Lesern vor Augen zu halten. Er tut es wieder mit einem Rückgriff auf das Alte Testament, indem er den Tempel und den Dienst der Tempelpriesterschaft beschreibt. Im Tempelkult und seinen Opfern, da war Gott gegenwärtig, da war er anschaulich gewesen. Noch viel gegenwärtiger und viel anschaulicher aber

135

ist Gott in Jesus Christus geworden. Denn Jesus ist der wahre Hohepriester. Während die Tempelpriesterschaft mit immer neuen Opfern die Versöhnung mit Gott zu schaffen hatte, hat Jesus sich selbst ein für allemal geopfert und »eine ewige Erlösung erworben« (Hebr 9,12).

Wir sind noch auf dem Weg, umgeben von Anfechtungen und Fragen. Aber Jesus ist schon am Ziel des Weges angelangt. Er sitzt zur Rechten des Vaters und tritt dort für uns ein. Und er tut das nicht von oben herab, sondern als einer, der unsere Schwachheit und unser Unvermögen kennt. Deshalb der dringende Rat an alle müde gewordenen Christen: Blickt auf zu Jesus, haltet euch an ihn. Trennt euch nicht mutwillig von seiner Gnade, tretet den Sohn Gottes nicht mit Füßen, weist den nicht ab, der zu euch redet, damit auch ihr ans Ziel gelangt, zur bleibenden Stadt, zu Gottes unerschütterlichem Reich.

## Lesetipps:

*Kap. 4,14-5,10: Christus, der wahre Hohepriester*
*Kap. 9: Das einmalige Opfer Christi*
*Kap. 11: Glaubenszeugen im Alten Bund*
*Kap. 12,1-17: Aufsehen auf Jesus*

Kernstellen:
Daher musste er in allem seinen Brüdern gleich werden, damit er barmherzig würde und ein treuer Hoherpriester vor Gott, zu sühnen die Sünden des Volkes.          Hebr 2,17
Darum werft euer Vertrauen nicht weg, welches eine große Belohnung hat. Geduld aber habt ihr nötig, damit ihr den Willen Gottes tut und das Verheißene empfangt.

Hebr 10,35.36
Lasst uns laufen mit Geduld in dem Kampf, der uns bestimmt ist, und aufsehen zu Jesus, dem Anfänger und Vollender des Glaubens.          Hebr 12,1.2

## Der Jakobusbrief

# »Seid aber Täter des Worts und nicht Hörer allein!«
**(Jak 1,22)**

Er ist Christ, der Jakobus, Zeuge seines Herrn, auch wenn er vom Leben, Sterben und Auferstehen Jesu in seinem Brief nichts sagt. Die Grundlagen des christlichen Glaubens setzt er als bekannt voraus. In seinem Brief geht es ihm um das praktische Leben, um die Bewährung im Alltag.

Jakobus ist ein neutestamentlicher Weisheitslehrer. Viele seiner Themen entsprechen denen der »Sprüche Salomos«. Auch dass eine klare Gedankenführung und Gliederung nicht zu erkennen ist, sondern von einem Thema zum anderen gesprungen wird, entspricht der alttestamentlichen Weisheitsliteratur.

Was sind die Themen des Jakobus? Da ist die Anfechtung und Versuchung, die er als Bewährungsproben des Glaubens versteht. Da beschreibt er anschaulich die Macht der Zunge, die durch Verleumdung des Bruders und vorschnelles Richten so viel Unheil anrichten kann. Da warnt er vor Neid und Streit, prangert die Sicherheit an, mit der Menschen auf sich selbst statt auf Gott bauen und weist eindringlich auf die Gefahren des Reichtums hin. Nicht darum geht es, für sich immer mehr an Geld und Gut anzuhäufen, sondern abzugeben, sich der Armen zu erbarmen, Barmherzigkeit zu üben.

Auch die Kranken werden nicht vergessen. Wenn die Ältesten der Gemeinde über einem kranken Gemeindeglied beten, wird ihr Gebet dem Kranken helfen, »und der Herr wird ihn aufrichten« (Jak 5,15).

Dieses Christentum der Tat, das Jakobus predigt, kommt natürlich nicht aus dem Menschen selbst. Es hat seinen Ursprung und seine Quelle in Gott, es ist »Weisheit von oben her« (Jak 3,17). Die Christen sind durch das »Wort der Wahrheit«, das Evangelium von Christus, wiedergeboren zu einem neuen Leben.

Wie Paulus bezeichnet Jakobus das neue Leben als »Glauben«, und wie er ist er davon überzeugt, dass zum Glauben die Tat, die Bewährung im Alltag hinzugehört. Aber er schreibt seinen Brief in einer Zeit, wo man die Predigt des Paulus vom Glauben, der zur Tat werden muss, nicht mehr verstand und meinte, ein »Fürwahrhalten« einzelner Glaubenssätze reiche zum Christsein aus. Dagegen bezieht Jakobus energisch Stellung, hier liegt sein Hauptinteresse: Glaube ohne Werke, Glaube, der sich nicht wie selbstverständlich in Taten der Liebe äußert, ist tot in sich selber, er ist letztlich überhaupt kein Glaube. »Die Weisheit von oben her« hält für Jakobus alles zusammen: das Handeln Gottes am Menschen, die Antwort im Glauben und das Tätigwerden in der Liebe.

## Lesetipps:

*Kap. 1,2-12: Die Anfechtung erdulden*
*Kap. 1,19-27: Das Wort Gottes hören und tun*
*Kap. 3,13-18: Die Weisheit, die von oben herabkommt*

Kernstellen:

Alle gute Gabe und alle vollkommene Gabe kommt von oben herab, von dem Vater des Lichts, bei dem keine Veränderung ist noch Wechsel des Lichts und der Finsternis.　　Jak 1,17
Seid aber Täter des Worts und nicht Hörer allein; sonst betrügt ihr euch selbst.　　Jak 1,22
Wer nun weiß, Gutes zu tun, und tut's nicht, dem ist's Sünde.

Jak 4,17

# Der Brief des Judas

# »... dass ihr für den Glauben kämpft.«
## (Jud 3)

Der Judasbrief ist ein sehr kurzer Brief. Er enthält nur ein einziges Kapitel. Seinem Inhalt und seiner Argumentation ist anzumerken, dass er zu den Spätschriften des Neuen Testaments gehört. Er ist vermutlich an der Wende vom ersten zum zweiten Jahrhundert entstanden. Der Verfasser nennt sich Judas und bezeichnet sich als einen Bruder des Jakobus. Mit Jakobus kann nur der Bruder Jesu gemeint sein, der zu den Führern der Urgemeinde gehörte. Judas wäre dann auch ein Bruder Jesu, aber das sagt er nicht, vielmehr nennt er sich einen »Knecht Jesu Christi«. (Jud 1) Das Anliegen des Judasbriefes ist klar. Er wendet sich an eine Gemeinde, in der Irrlehrer von außen Eingang gefunden haben, und warnt vor diesen. Fasst man alle Aussagen des Briefes über diese Irrlehrer zusammen, entsteht ein einigermaßen klares Bild.
Sie »missbrauchen die Gnade unseres Gottes für ihre Ausschweifung« (Jud 4), sie gehen mit Träumen um, verachten Gott und lästern die himmlischen Mächte. Es sind Menschen, die »mit ihrem Geschick hadern« (Jud 16), aber ganz nach ihren Begierden leben und »Schandflecken« bei den Liebesmahlen der Gemeinde sind (Jud 12). Alle diese Aussagen erinnern stark an die Strömung der Gnosis, mit der auch Paulus in seinen Gemeinden zu kämpfen hatte.
Die Gnostiker beriefen sich auf besondere Offenbarungen (Träume) und waren der Meinung, dass sie durch den Glauben schon vollkommen, faktisch schon im Himmel seien. Über die irdische Begrenztheit, in der sie sich noch befanden, seufzten sie einerseits. Andererseits gaben sie sich ungeniert ihren Begierden hin,

weil die ja nur eine Angelegenheit des Leibes waren, mit dem sie letztlich nichts mehr zu tun hatten.

Der Schreiber des Judasbriefes wendet sich energisch gegen eine solche Verfälschung der christlichen Botschaft, kündigt den Irrlehrern Gottes Gericht an und ruft die Gemeinde zu ihren Grundlagen, ihrem »allerheiligsten Glauben« an Jesus Christus zurück (Jud 20). Für diesen Glauben gilt es zu kämpfen, ihn gilt es bis zur Wiederkunft Christi zu bewahren, wobei der Schreiber des Judasbriefes zugleich betont, dass Gott es ist, der im Glauben und in der Liebe bewahrt.

Erstaunlich ist, dass Judas die Irrlehrer trotz seiner scharfen Kritik nicht abgeschrieben hat. Am Schluss seines Briefes mahnt er, sich der Irrenden anzunehmen und sie vor dem ewigen Verderben zu retten. Es geht ihm also nicht um private Vergeltungswünsche, sondern allein um Gott. Mit einem Lobpreis dieses Gottes schließt er seinen Brief.

Kernstellen:
Ihr aber, meine Lieben, erbaut euch auf euren allerheiligsten Glauben und betet im Heiligen Geist, und erhaltet euch in der Liebe Gottes und wartet auf die Barmherzigkeit unseres Herrn Jesus Christus zum ewigen Leben. **Jud 20.21**
Erbarmt euch derer, die zweifeln. **Jud 22**
Dem aber, der euch vor dem Straucheln behüten kann und euch untadelig stellen kann vor das Angesicht seiner Herrlichkeit mit Freuden, dem alleinigen Gott, unserm Heiland, sei durch Jesus Christus, unsern Herrn, Ehre und Majestät und Gewalt und Macht vor aller Zeit, jetzt und in alle Ewigkeit! Amen. **Jud 24.25**

# Die sogenannten »Kirchenbriefe«

Zu ihnen zählen die beiden Petrusbriefe, die drei Johannesbriefe, der Hebräerbrief sowie der Jakobus- und Judasbrief.

Der erste Petrusbrief ist nach 1 Petr 1,1 und 5, 12 vom Apostel Petrus »durch Silvanus« geschrieben worden. Petrus hat somit den Brief entweder diktiert, oder Silvanus, ein langjähriger Begleiter des Paulus, hat ihn im Auftrag des Petrus geschrieben. Seine Empfänger sind Christen in Pontus, Galatien, Kappadozien, in der Provinz Asien und in Bithynien. Da viel von Verfolgung in dem Brief die Rede ist, kann man hinsichtlich der zeitlichen Abfassung an die Christenverfolgung unter Nero (64 n. Chr.) oder unter Domitian (96 n. Chr.) denken.

Beim zweiten Petrusbrief treten viele Ausleger dafür ein, dass dieser Brief im Namen und in der Autorität des Petrus erst im 2. Jahrhundert n. Chr. verfasst worden ist. Er ist die letzte Schrift, die noch in den neutestamentlichen Kanon aufgenommen wurde.

In den drei Johannesbriefen finden sich viele Anklänge an das Johannesevangelium. Sie wären somit vom selben Verfasser am Ende des ersten Jahrhunderts n. Chr. geschrieben worden.

Der Hebräerbrief ist kein Brief im strengen Sinn, sondern eher ein Lehrschreiben. Sein Verfasser und seine Empfänger sind nicht bekannt. Er ist wahrscheinlich im letzten Jahrzehnt des ersten nachchristlichen Jahrhunderts verfasst worden.

Der Jakobusbrief wird von den einen auf den Herrenbruder Jakobus zurückgeführt, der bis zu seinem Märtyrertod im Jahr 62 n. Chr. die Urgemeinde leitete, während die anderen an einen unbekannt gebliebenen Judenchristen in der Zeit nach Paulus denken. Die als Adressaten angesprochenen »zwölf Stämme in der Zerstreuung« (Jak 1,1) sind die Christen, die in der ganzen damals bekannten Welt lebten.

Der Judasbrief schließlich kann Ende des ersten, Anfang des zweiten Jahrhunderts entstanden sein.

# Die Offenbarung des Johannes

## »Siehe, ich mache alles neu!«
### (Offb 21,5)

»Hör auf, mach die Bibel zu, es ist zu schrecklich!« So soll einmal bei einer Hausandacht ein Mann zu seiner Frau gesagt haben, als sie ein Kapitel aus der Offenbarung des Johannes vorlas.

An vielen Stellen dieses letzten Buches der Bibel möchte man dem Mann zustimmen, möchte man am liebsten die Bibel zuschlagen und nichts mehr von dem Schrecklichen hören, was da erwähnt wird. Immer wieder ist die Rede von furchtbaren Plagen, von Tod und Verderben, die die Menschheit treffen werden und vor denen auch die Jünger Jesu nicht bewahrt bleiben. Schwert, Hunger, Pest und wilde Tiere werden erwähnt, Wasser, das zu Blut wird, Heuschrecken, die fünf Monate lang die Menschen aufs Fürchterlichste quälen, und Menschen, die vor Qual den Tod suchen und ihn nicht finden. Dazu kommt dann noch Feuer, Rauch und Schwefel und die ganze Macht der Hölle, die es besonders auf die Bekenner Jesu abgesehen hat.

Ein schreckliches Buch? Nach der Absicht seines Verfassers das genaue Gegenteil. Er will uns nicht in Angst und Schrecken versetzen, er will nicht die Zukunft verdunkeln, er will kein Horrorszenario vor uns ausbreiten. Was er will, ist etwas völlig anderes. Mag kommen was will – und es steht der Menschheit am Ende der Zeit in der Tat Schreckliches bevor –, mag ein Viertel, mag ein Drittel, mag die ganze Welt in Schutt und Asche sinken: Das alles ändert nichts daran, dass Jesus Christus, der gekreuzigte und auferstandene Herr, die Herrschaft über die ganze Welt schon angetreten hat. Er ist lebendig von Ewigkeit zu Ewigkeit, er hat die Schlüssel der Hölle und des Todes, und er wird am Ende alle Mächte des Bösen für immer vernichten.

Die Seinen aber, die ihm die Treue halten, die auch in Verfolgung und Trübsal ihn nicht verraten, die trotz aller schrecklichen Ereignisse fest zu ihm stehen, die wird er heimbringen in das ewige Jerusalem, das vom Himmel herabkommen wird und wo Gott bei den Menschen wohnen und alles in allem sein wird. Der Herrschaft Jesu Christi, die jetzt schon im Himmel besungen und bejubelt wird, können keine Zornesschalen, keine Gerichtsposaunen und keine furchtbaren Reiter etwas anhaben.

So ist die Offenbarung, richtig verstanden, schon immer ein Trostbuch gewesen, in Zeiten der Verfolgung ebenso wie in Zeiten von Seuchen und Katastrophen. Komme, was mag, Jesus Christus wird am Ende alles neu machen und die, die zu ihm halten, heimholen in sein ewiges Reich. Ihm sei Ehre in Ewigkeit!

## Lesetipps:

*Kap. 2-3: Die sieben Sendschreiben an die Gemeinden*

*Kap. 5: Das Buch mit den sieben Siegeln*

*Kap. 15,5-16,21: Die Zornesschalen*

*Kap. 20,11-15: Das Letzte Gericht*

*Kap. 21-22: Der neue Himmel und die neue Erde und der wiederkommende Herr*

Kernstellen:

Siehe, ich stehe vor der Tür und klopfe an. Wenn jemand meine Stimme hören wird und die Tür auftun, zu dem werde ich hineingehen und das Abendmahl mit ihm halten und er mit mir.                                                                                    Offb 3,20

Es sind die Reiche der Welt unseres Herrn und seines Christus geworden, und er wird regieren von Ewigkeit zu Ewigkeit.

Offb 11,15

Siehe da, die Hütte Gottes bei den Menschen! Und er wird bei ihnen wohnen, und sie werden sein Volk sein und er selbst, Gott mit ihnen, wird ihr Gott sein; und Gott wird abwischen alle Tränen von ihren Augen, und der Tod wird nicht mehr

sein, noch Leid noch Geschrei noch Schmerz wird mehr sein;
denn das Erste ist vergangen.                                    Offb 21,3.4
Siehe, ich mache alles neu! Ich bin das A und das O, der Anfang und das Ende. Ich will dem Durstigen geben von der
Quelle des lebendigen Wassers umsonst.                    Offb 21,5.6

## Die Offenbarung des Johannes

Der Verfasser der Johannesoffenbarung ist nicht mit dem Apostel Johannes gleichzusetzen. Er nimmt den Aposteltitel für sich
nicht in Anspruch und weiß sich von den Aposteln unterschie-
den (Offb 21,14). Er befindet sich auf der Insel Patmos und
schreibt sein Trost- und Mahnbuch an sieben kleinasiatische Gemeinden, die er kennt und denen er bekannt ist. In dem ganzen
Buch wird eine schwere Bedrohung der Gemeinden durch den
heidnischen Staat erkennbar. Zur Zeit des Kaisers Domitian (81-
96) wurde versucht, die göttliche Verehrung des Kaisers zu er-
zwingen. In dieser Situation werden die Christen zum Bekennen
ihres Glaubens und zu treuem Bleiben bei ihrem Herrn aufgefordert.